Der neue Verseschmied für Hobbydichter

Elke Müller-Mees

Der neue Verseschmied für Hobbydichter

Mit Reimlexikon

Urania

Zum Thema bereits erschienen:
Jutta Rintelen: Heitere Glückwunschverse. ISBN 3-332-01190-1
Jutta Rintelen: Die schönsten Sprüche und Verse fürs Poesiealbum.
ISBN 3-332-01086-7
Ingeborg Düffert: Alles Gute! Der passende Vers zu jedem Geschenk.
ISBN 3-332-01028-X
Ingeborg Düffert: Kleines Vortragsbuch für Familienfeste. ISBN 3-332-00532-4
Ingeborg Düffert: Kinderverse für Familienfeste. ISBN 3-332-01087-5

Die Autorin: Dr. phil. Elke Müller-Mees ist gebürtige Berlinerin und lebt heute in Mülheim an der Ruhr. Nach dem Studium der Germanistik und Geschichte in Köln ging sie für einige Jahre in den Schuldienst. Seit 1987 ist sie freie Autorin. Ihre besondere Liebe gilt dem Kinder- und Jugendtheater. Sie hat zahlreiche erfolgreiche Ratgeber, Sachbücher, Filmscripts, Jugendbücher und Kurzgeschichten veröffentlicht.

Die Deutsche Bibliothek - CIP-Einheitsaufnahme
Ein Titeldatensatz für diese Publikation ist bei Der Deutschen Bibliothek erhältlich.

www.dornier-verlage.de
www.urania-verlag.de

Umschlaggestaltung: Behrend & Buchholz, Hamburg
Titelfoto: Bavaria Bildagentur, Quill
Illustrationen: Roland Beier, Berlin
Redaktion: Dr. Marianne Jabs
Gestaltung und Satz: AS Satz & Grafik, Berlin
Druck: Westermann Druck Zwickau
Printed in Germany
Gedruckt auf alterungsbeständigem Papier mit chlorfrei gebleichtem Zellstoff.

ISBN 3-332-01189-8

05 04 03 02 01 5 4 3 2 1

Inhalt

Einleitung:
Gelegenheit schafft Gedichte

Gelegenheiten verpflichten
gerade zu Gedichten.

Ob zu runden Geburtstagen, dem dreißigsten oder fünfzigsten, dem sechzigsten oder achtzigsten, ob zur grünen, silbernen oder goldenen Hochzeit, ob zum Familientreffen oder zur rauschenden Silvesterparty – Gedichte sind angesagt für die Feier im großen Rahmen. Aber auch für die Feier im kleinen Rahmen, die Grill- oder Faschingsparty, den Kamin- oder Discoabend.
Verse passen aber auch zu jeder kleinen Gelegenheit, als Guten-Tag-Anzeige, als Valentinsgruß, E-Mail, Gästebuch- oder Poesiealbum-Spruch.

Gedichte sprechen für sich und sprechen an.
Gedichte erfreuen durch Wohlklang.
Gedichte wecken Gefühle.
Gedichte unterhalten und lockern auf.
Gedichte bleiben im Gedächtnis.
Gedichte sind Worte, die von Herzen kommen.
Gedichte sind Geschenke, die anderen Ihre Zuneigung und Ihre Liebe zeigen.
Ob Vers oder Gedicht – wenn Sie dichten, zeigen Sie sich einfallsreich und kreativ, machen Sie sich Mühe. Kommen Sie mit einem Geschenk, das unverwechselbar und individuell ist.

Ob Zweizeiler oder Vierzeiler, Limerick oder strophenreiche Ballade –
Dichten macht Spaß.
Dichten bereichert – Sie und andere.
Dichten bringt Sie ins innere Gleichgewicht, weil es die rechte und linke Hirnhälfte anspricht.
Dichten ist »in«.
Und zwar zu jeder Gelegenheit.

Ein Vers macht noch kein Gedicht

 Ungereimtes Zeug, das will keiner hören.
Sind Verse es nicht, die das Herz betören?
Weil alle Worte, wenn schön sie klingen,
durch Reim und Rhythmus ins Herz uns dringen?

Reim und Rhythmus bringen Sprache zum Klingen.
Doch leider fällt das Wort Ihnen, der Hobbydichterin, dem
Hobbydichter, nicht immer einfach zu. Was bei Abzählreim
und Werbespruch so leicht aussieht, ist beim Selberdichten
schwerer, als Sie gedacht haben. Hier fehlt ein Reim, da holpert der Rhythmus.
Doch keine Angst! DER NEUE VERSESCHMIED ist ein Versbau-
kasten für Sie, gerade für Sie.
Gut gereimt ist halb gewonnen. So erfahren Sie in diesem
Buch alles, was Sie über den Gleichklang Reim wissen müssen. Und über den Wohlklang Rhythmus, die unsichtbare
andere Hälfte eines guten Gedichts.
Reim und Rhythmus werden Ihnen verständlich und ver-
gnüglich, anschaulich und anregend anhand vieler Beispiele
vorgestellt. Und die Praxis bietet Ihnen konkrete Anleitun-
gen und Hilfen, wie Sie den richtigen Reim finden und in den
richtigen Rhythmus kommen können.
Dazu viele Tipps, wie Sie falsche Töne und Dissonanzen vermeiden.
Gut gereimt ist halb gewonnen.
Damit Sie das wirklich sagen können, helfen Ihnen die Seiten
des integrierten Reimlexikons bei der Suche nach dem pas-

senden Reim. Übersichtlich alphabetisch gegliedert, finden Sie hier bestimmt das Richtige.

Und die Symbole erleichtern es Ihnen, sich in diesem Buch schnell zurechtfinden:

 Zitate von bekannten Dichtern

 Beispielhafte Gedichte von mir für Sie

 Die praktische Anwendung

 Wichtiges, das Sie sich merken sollten

 Der besondere Kreativ-Tipp

Dichten ist wie Kochen

Was Sie brauchen, das sind Zutaten und Gewürze. Damit das Gedichtsüppchen nicht zu dünn wird, nicht zu fad und nicht nur für den hohlen Zahn ist.

DER NEUE VERSESCHMIED gibt Ihnen Anregungen, Ihr Gedicht inhaltlich zu füllen und zu würzen. Die Notwendigkeit einer Stoffsammlung wird Sie überzeugen. Die Vorzüge von Bildern oder Vergleichen werden Ihnen einleuchten wie auch der Trick, Natur und Jahreszeit einzubeziehen. Ganz zu schweigen von den zahlreichen Vorschlägen, die Ihnen zeigen, wie Sie Witz in die Sache und in Ihr Gedicht bringen können.

Und weil ein Vers noch kein Gedicht macht, hilft Ihnen DER NEUE VERSESCHMIED, Ihre Verse zu Gedichten zu bündeln. Er macht Sie mit einfachen und kurzen Gedichtformen, aber auch mit längeren und komplizierteren bekannt. Nicht zuletzt mit dem Refrain als Möglichkeit, ein Gedicht zu gliedern.

Ob Sie den kurzen Vierzeiler für den Guten-Morgen-Gruß in der Tageszeitung oder das zehnstrophige Gedicht für die Goldene Hochzeit im Sinn haben, DER NEUE VERSESCHMIED hilft Ihnen, Ihr Dichten und Trachten in Wort und Klang zu fassen. Und das Schritt für Schritt.

Was ist eigentlich ein Vers?

Die Sprachverwirrung könnte nicht größer sein. Wir sagen ein *Vers* und meinen eine Strophe im Lied oder Gedicht. Oder einen Zwei- oder Vierzeiler. Wir sprechen von einer *Gedichtzeile* und meinen eigentlich einen Vers.

Mit *Vers*, abgeleitet vom lateinischen versus (= Umwendung, Furche, Zeile), bezeichnet man korrekt eine einzelne Zeile im Gedicht. Aber im Laufe der Jahrhunderte hat sich eingebürgert, auch eine Einheit von zwei, vier oder mehr Versen als Vers zu bezeichnen. Wir sprechen sogar von Bibel*versen*, obwohl das überhaupt keine Verse sind.

Ein Gedicht besteht aus mindestens zwei Versen. Umgangssprachlich würden wir zwei Verse höchstens ein Verschen oder einen Spruch nennen.

Jeder Vers kann einem grammatisch vollständigen Satz entsprechen, wie bei folgendem aufmunterndem Zweizeiler.

   Ja, dies ist des Fleißes Lohn.
   Zwanzig Seiten hab ich schon.

Das muss aber nicht so sein. *Vers* nennt man eine Gedichtzeile auch dann, wenn sie keinen vollständigen Satz und damit keine vollständige Aussage enthält. Das folgende kleine Gedicht, in einem Moment entstanden, als der Frust die Lust überwog, enthält z. B. zwar nur zwei Sätze, aber sieben Verse:

   Es kommt doch vor
   bei aller Lust,
   da packt dich manchmal
   auch der Frust.
   Dann sagst du dir:
   Ach, gar so fleißig
   ist auch scheißig.

Den Begriff *Strophe* kennen Sie von Volks- oder Kirchenliedern. Eine Strophe fasst eine bestimmte Anzahl von Versen zusammen. Da jede Strophe auf dieselbe Melodie gesungen

☞ In diesem Buch wird
mit *Vers* durchgängig
eine Gedichtzeile
bezeichnet. Und eine
Strophe ist eine Einheit
von mehreren Versen.

wird, müssen die einzelnen Strophen in Reim und Rhythmus übereinstimmen. Beim gesprochenen Gedicht sind die Anforderungen in diesem Punkt nicht so streng. Es kommt auf den Sprachklang an, und wir sind nicht an eine bestimmte Melodie gebunden. Deshalb können wir mit Strophen spielen. Sie variieren und zum Beispiel unterschiedlich lang machen.

Alle Verse oder alle Strophen zusammen sind das Gedicht. Mit den Merkmalen, die das Gedicht kennzeichnen, mache ich Sie auf den folgenden Seiten vertraut: Reim, Rhythmus, Versmaß. Dazu kommt noch das Bild als Merkmal. Damit beschäftigen wir uns auf den Seiten 68/69.

Die Vorzüge des Dichtens

Mit Reimen ist Ihnen ein
großartiges sprachliches
Mittel an die Hand gege-
ben, um die Zuhörer zum
aufmerksamen und wohl-
wollenden Publikum zu
machen.

Sie wollen etwas sagen, und Sie sagen es in Versen. Ihr Gedicht hat einen Inhalt, und für die Gestaltung dieses Inhalts haben Reime große Vorteile. Reime binden die einzelnen Verse und damit die einzelnen Aussagen aneinander. Das ermöglicht Ihnen, in Ihren Versen auch wirklich etwas auszusagen und auszudrücken: einen Glückwunsch oder ein Lob, einen Rückblick oder eine Vorschau.
Darüber hinaus erlauben Reime Ihnen viele kleine und große Extras. Mit Reimen können Sie einen Gedanken hervorheben, eine Aussage betonen. Sie können mit besonderen Reimen – wie dem doppelten Reim oder anderen, die Sie noch kennenlernen werden (Schüttelreim, S. 28-30, Alliteration, S. 30-35) – Ihr Gedicht unterhaltsam und witzig machen, eine ernste Aussage in leichte Form verpacken.
Und das ist besonders wichtig! Mit Reimen können Sie Gefühle wecken oder preisgeben. Lassen Sie im Gedicht Ihr Herz sprechen. Besonders wenn Sie zu den Menschen gehören, denen es nicht leicht fällt, über Gefühle zu reden – mit Versen haben Sie die Möglichkeit, Ihre Liebe und Zuneigung nicht nur auszudrücken, sondern auszusprechen.

Reim ist Gleichklang

 Es reimt sich Rosen auf kosen,
nie sich auf Melodie,
vereint die Verse zu losen
Reimen in Klang und Magie.

Zwei Wörter vereint der Gleichklang zu einem Reim. Der
Reim ist das markanteste Merkmal des Gedichts. Durch den
Gleichklang bindet er die Verse aneinander. Reimen sind Sie
schon von klein an begegnet. Wenn der Vater Ihnen das
Schlaflied sang:

> Schlaf, Kindchen, schlaf,
> dein Vater hüt't die Schaf.
> Deine Mutter schüttelts Bäumelein,
> fällt herab ein Träumelein.

Oder wenn die Mutter Sie auf ihren Knien reiten ließ:

> Hoppe hoppe, Reiter,
> wenn er fällt, dann schreit er.

Natürlich spielt der Rhythmus in Schlafliedern
und Kinderversen auch eine Rolle. Bei dem sanf-
ten und ruhigen Rhythmus des Schlafliedes fallen dem Baby schnell die Augen zu; der wilde
Galopprhythmus lässt die kleinen Kniereiter
jauchzen. Doch der Reim ist das, was sich Ihnen
eingeprägt hat. Er charakterisiert und bestimmt
stärker als der Rhythmus Verse und Lieder.
Die Kindheit ist von Reimen begleitet, immer
wieder tauchen sie auf: im Bilderbuch, beim

Reime kann man sich als
Kind gut merken. Reime
prägen sich ein. Sie
machen Sprache geheim-
nisvoll und magisch.

Abzählreim in alten Kinderliedern, Volksweisen oder Weih-
nachtsliedern.

> Ene mene mu
> und raus bist du.

Diese Magie lässt auch Goethe in seiner Ballade vom Zau-
berlehrling wirken:

> Walle, walle,
> manche Strecke,
> dass zum Zwecke
> Wasser fließe ...

So kommt der Gleichklang zustande

Dass wir Reime lieben, beruht auf ihrer klanglichen Wirkung, und wir müssen versuchen, hinter ihr Geheimnis zu
kommen.

Silben sind die kleinsten Sprecheinheiten unserer Sprache:
Gar-ten, Ro-sen, grün, Him-mel, Be-kann-te, Ver-rat.

Schon bei diesen Beispielen erkennen Sie, dass die Silben *gar,
ro, grün, him, kann, rat* klingender sind als *se, ten, mel, be, te,
ver*. Zum einen liegt das an den Vokalen a, o, u/ü und i, die
vom Laut her stärker und klangvoller als der Vokal e sind.

Aber die klingenderen Silben sind auch wichtiger. Sie sagen
uns, von welchem Ursprungswort sich das jeweilige Wort
herleitet. Ich nenne Ihnen jetzt die Ursprungswörter der sechs
Beispiele, die oben stehen: *Garten, Rosen, grün, Himmel,
Bekannte* und *Verrat*. Sie sollen sich das nicht merken – es
geht nur darum, dass Sie genau sehen, wie wichtig die klingenden Silben sind. So kommt

gar von althochdeutsch garto = das Umzäunte, Eingehegte
ro von lateinisch rosa = Rose
grün von althochdeutsch gruoen = wachsend, sprießend
Him von althochdeutsch himil = vermutlich Decke, Hülle
kann hier von kennen, althochdeutsch chennan = wissen lassen, verstehen machen
rat von raten, Rat, althochdeutsch ratan = aussinnen, Vor-
sorge treffen

Sie sehen, dass in diesen Silben nicht allein das heute gebräuchliche Wort in seiner Bedeutung steckt, sondern auch die lange Geschichte dieses Wortes. Deshalb heißen sie *Stammsilben*.

Was hat das mit Ihrem Wunsch, Verse zu schreiben, zu tun? Nur Geduld. Vielleicht erinnern Sie sich, was Sie in der Schule gelernt haben: Wörter – wie Substantive, Verben und Adjektive – haben eine Stammsilbe, sie können durch Vorsilben und Endungen verändert werden.

Vorsilbe	Stammsilbe	Endung
	Ros-	en
	kos-	en
	Him-	mel
Ge-	wim-	mel
Be-	kann-	te
Ver-	wand-	te
	rot	
	tot	
	rein-	lich
	pein-	lich
be-	trüb-	lich
	üb-	lich
ver-	welk-	en
	Nelk-	en
	wir	
	hier	
	mein-	e
	kein-	e

Lesen Sie laut, und Sie hören, welche Wörter Reimwörter sind. Sie klingen gleich. Die klanggebenden Silben, immer die Stammsilben, unterscheiden sich nur durch den Anfangslaut. Die Endsilben (Endungen) stimmen überein.

Die Vorsilben können, müssen sich aber nicht mitreimen. Es kommt darauf an, welche Silbe betont wird. Wird die Stammsilbe betont – wie bei *verwelken* oder *bestellen* –, können Sie die Vorsilbe vernachlässigen.

Vorsilben spielen eine besondere Rolle beim Reimen.

Vorsilbe	Stammsilbe	Endung
ver-	welk-	en
be-	stell-	en
ver-	weg-	en
be-	wegt-	e

So können Sie ver*welken* auf *Nelken* oder be*wegte* auf *legte* reimen. Natürlich können Sie auch die Vorsilbe in den Reim einbeziehen, wie bei *bestellen* und *gesellen* oder *verwegen* und *zerlegen*.

Anders sieht das bei Wörter aus, deren Vorsilbe betont wird. Durch die Betonung erhalten die Wörter ja einen ganz bestimmten Sinn, der nicht verloren gehen darf. Deshalb müssen Sie bei diesen Wörtern die Vorsilbe in den Reim einbeziehen.

Vorsilbe	Stammsilbe	Endung
auf-	wach-	en
drauf-	krach-	en
drauf-	mach-	en
vor-	leb-	en
empor-	streb-	en
Nach-	weh-	en
Nach-	seh-	en

☞ **Im Satz kann die betonte Vorsilbe eines Verbs von der Stammsilbe getrennt werden:** *Wir machen einen drauf.* **In solchen Fällen muss die Vorsilbe betont werden und die Stammsilbe ebenfalls.**

Doch Vorsicht! Es gibt eine Vielzahl von Besonderheiten. Über Vorsilben und Endungen und die Schwierigkeit, damit einen reinen Reim zu bilden, lesen Sie in dem Abschnitt *Gibt es einfache Regeln für die Betonung?* ab S. 49 noch einiges mehr.

Ob Wörter in einem Vers betont werden oder nicht, kommt darauf an, wie und wo sie im Satzgefüge stehen. Wenn sie aber betont werden, dann auf der klingenden Stammsilbe. Nur bei den Wörtern, deren Bedeutung durch die Vorsilbe genauer bestimmt wird, liegt auch die Betonung auf dieser Vorsilbe.

Was reimt sich denn nun?

Im einfachsten Fall reimen sich einsilbige Wörter, *Haus* auf *Maus* oder *Baum* auf *Traum*. Es reimen sich natürlich auch die Wörter *mir* und *dir*, *hier* und *vier*. Oder *mein* und *dein* und *fein*, *sie* und *nie*, *zwei* und *drei*, *an* und *heran*, *sehr* und *mehr*, *dort* und *fort*, *zehn* auf *geh'n* oder *Lauf* auf *rauf*.

Bei mehrsilbigen Wörtern ist die klanggebende Silbe in der Regel die Stammsilbe. Auf sie, nicht auf Vorsilben oder Endungen, kommt es an. Nur die betonte Vorsilbe ist eine Ausnahme.

So reimt sich *sozusagen* auf *Tagen*, reimen sich *hingerissen* und *hingeschmissen*. Oder *vergeben* und *beleben*. Raffinierter reimen Sie *beleben* auf *gegeben*, weil Sie dabei die unbetonte Vorsilbe einbeziehen. Es reimen sich auch *unter* und *herunter*, *keiner* auf *meiner*. Möchten Sie *mischen*? Dann reimen Sie auf *zwischen*. Oder *euer* auf *teuer*, *dreißig* auf *fleißig*. Einen raffinierten Reim finden Sie bei dem Kniereitervers:

> Hoppe hoppe, Reiter,
> wenn er fällt, dann schreit er.

Hier werden zwar auch zwei Stammsilben klanglich verbunden. Aber anstelle der Endung -er von *Reiter* folgt der Stammsilbe *schreit* das gleichlautende Personalpronomen *er*. Reimen von mehrsilbigen Wörtern hat so seine Tücken. Zu *Elefant* fällt Ihnen das Wort *elegant* ein, zu *liederlich* – *widerlich*. Zu *Pfadfinderlager* vielleicht der folgende Vers:

> Im Pfadfinderlager
> war das Essen stets mager.

Der Dichter Clemens Brentano reimt *Zauberin* auf *hin* und *Nachtigall* auf *Schall*. Oder *Blumengabe* auf *Honigwabe*. Oder *Feuerwein* auf *Maulbeerlein*.

So weit, so gut. Aber was reimt sich auf *Telegramm* oder *Sonnenschein*? Auf *Hundekuchen* oder *Sommerhitze*?

Diese Wörter, die sich aus zwei oder gar drei Substantiven zusammensetzen, haben zwei Stammsilben, die beide betont werden. Sie haben also die Möglichkeit, mit beiden Stammsilben zu reimen. Diese Reime sind dann eben doppeltgemoppelt.

Wie finden Sie das passende Reimwort zu *Pinselohr*?

Sie können also *Pinselohr* auf *Winselchor* reimen. Oder zwei Stammsilben eines Wortes mit passenden Stammsilben von zwei einzelnen Wörtern reimen und Verse wie diese machen:

> Und als es kam, das Telegramm,
> da wurd' mir in der Seele klamm.

Ob Regen oder Sonnenschein,
nichts stört mir diese Wonnen mein.

Schon aß ich mittags Hundekuchen,
weil Fritz tat auf die Pfunde fluchen.

Du wirst bei dieser Sommerhitze
sehr schnell zum Opfer frommer Witze.

Sie merken, dass diese Reime dadurch einen besonderen Witz bekommen und zum Lachen reizen. Das können Sie sich natürlich zunutze machen. Sie wollen ja mit Ihrem Gedicht unterhalten, die Zuhörer für sich gewinnen. Wenn es Ihnen gelingt, sie mit einem doppelten Reim zu überraschen, sind Ihnen Aufmerksamkeit und Beifall gewiss.
Doch leider muss ich sagen: Leicht ist es nicht. Der Schüttelreim, den Sie auf S. 28 ff. noch kennenlernen werden, lebt vom Spiel mit doppelten Reimen. Und in dem Abschnitt *So bringen Sie Witz in die Verse* ab S. 75 werden Sie gewitzten Reimen wie diesen wieder begegnen.

Und was ist mit der Rechtschreibung?

Reim ist Klang. Und da wir den Klang hören und nicht sehen, ist für den Reim nicht die Rechtschreibung maßgebend, sondern die Lautung, die Art, wie wir ein Wort aussprechen. Deshalb reimt sich *Hex* auf *sechs* und *faxen* auf *wachsen*. *Los* auf *Moos* und auf *groß*. Oder *Wahl* auf *Tal*.

Vokal (zu deutsch Selbstlaut) kommt von dem lateinischen vocalis = klingender Laut. Vokale klingen von sich aus, ohne einen anderen Buchstaben:

a – e – i – o –u

Dasselbe gilt für die Umlaute:

ä – ö – ü – ai – au – äu – ei – eu

Im Gegensatz dazu klingt bei Konsonanten immer ein Vokal mit. Das sagt schon ihr Name, denn er leitet sich vom lateinischen consonare = mitklingen ab.

be – ce – de – ef – ge – ha – jot – ka – el – em – en –
pe – qu – er – es – te – vau – we – ix – üpsilon – zett

Lesen Sie nun laut die folgenden vier Verse aus einer Guten-Tag-Anzeige. Beim Lautlesen wird Ihnen auffallen, dass bei einem der Reimpaare etwas nicht stimmt.

Für meinen lieben Hansimann
steht heut die letzte Prüfung an.
Manch Schweißtropfen, der ist geflossen,
manch leiser Fluch wurd' ausgestoßen.

Ja, ganz richtig: In den letzten beiden Zeilen reimt sich das kurze o von *geflossen* nicht sauber mit dem langen o von *ausgestoßen*.

Lesen Sie jetzt bitte diese kleine Auswahl von Wörtern laut:
Schoß – Geschoss – bloß – genoss, Fraß – Hass – Gras – blass
So lassen sich die Wörter paarweise zu Reimen zusammenstellen:

Schoß – bloß
Geschoss – genoss
Fraß – Gras
Blass – Hass

Versuchen Sie jetzt bei folgenden Wörtern, sie zu Reimen zu ordnen. Lesen Sie laut:
Stamm – Scham – kam – Damm – (ich) las – Messe – nasse – Nase – blasse – Hesse – Tamtam – Base – Has' – nahm – (ich) lasse – Fraß – Fresse – Gaze

Der Klang des Reims wird davon bestimmt, ob der Vokal der Stammsilben kurz oder lang gesprochen wird.

Ob Sie die Paare richtig zusammengestellt haben, können Sie mit Hilfe des Reimlexikons ab Seite 92 überprüfen.

Hier nun zusammengefasst die Grundregeln für den richtigen Reim:

Reimwörter haben

unterschiedliche Anfangslaute (Buchstaben)

denselben Stammsilbenvokal

dieselbe Länge des Stammsilbenvokals (lang oder kurz)

denselben Klang der Stammsilbe

dieselbe Endung

nicht immer, aber oft dieselben unbetonten Vorsilben.

Wenn sie betonte Vorsilben haben, müssen diese mitgereimt werden

Und jetzt müsste Reimen für Sie ganz einfach sein!

> Beim Reimen soll die Lautung eben
> ganz allein den Ausschlag geben.

☞ **Kreativ-Tipp: Trainieren Sie – im Auto, unter der Dusche, beim Kochen oder Unkrautjäten –, indem Sie zu einem Wort das passende Reimwort suchen. Achten Sie auf die Grundregeln. Missachten Sie Rechtschreibung und Bedeutung, bilden Sie, wenn es gar nicht anders geht, Fantasiewörter. Sprechen Sie immer laut.**

Die heimliche Hilfe: Reimlexikon

Ein Reim, der passt, fällt manchmal schwer:
Wo krieg ich Hilf und Reimwort her?
Du siehst dich um ganz insgeheime
und suchst im Lexikon für Reime.

Und wenn nun wirklich nichts mehr geht, Sie sich den Kopf
zermartern, um ein Reimwort für *Schreckschraube* zu finden,
das Wort, das Sie unbedingt brauchen, um Ihrem Gedicht
den richtigen Pfiff, den letzten Schliff zu geben, dann hilft
Ihnen das Reimlexikon ab S. 92 in diesem Buch sicher, den
passenden Reim zu finden. Auf 20 Seiten werden darin die
Wörter präsentiert, die in Versen oder in einem Gedicht zu
festlichen Gelegenheiten häufig vorkommen.

Das Ordnungsprinzip erlaubt Ihnen den schnellen Zugriff.
Durchgängig sind die Suchwörter – die Wörter, auf die Sie
einen Reim suchen – und die dazu passenden Reimwörter
alphabetisch geordnet.

Die Suchwörter finden Sie links herausgestellt unter dem
jeweiligen Stammsilbenvokal. Dabei sind auch die Vokale
alphabetisch in dieser Reihenfolge geordnet:

a kurz a lang ä kurz ä lang e kurz e lang i kurz i lang o
kurz o lang ö kurz ö lang u kurz u lang ü kurz ü lang
Dann folgen die Umlaute (Doppelvokale), die immer lang
gesprochen werden: au ei/ai eu/äu.

Die zum Suchwort passenden Reimwörter sind ebenfalls
alphabetisch geordnet. Damit Sie den passenden Reim
schneller und leichter finden können, sind die Reimwörter
nach grammatischen Ordnungsprinzipien aufgelistet: Zuerst
kommen Substantive, dann Verben, dann Adjektive. Daran
schließen sich die Wörter mit den übrigen grammatischen
Funktionen an.

Wo immer es möglich war, sind Wörter mit unterschiedlichen grammatischen Funktionen zusammengestellt. Leider
gibt es nicht zu jedem Suchwort Reimwörter, die alle grammatischen Funktionen abdecken.

Einige häufig vorkommenden Substantive tauchen in Einzahl

**Wenn Sie also ein Reim-
wort zu *Lamm* suchen,
schauen Sie unter *a kurz*
nach. Ein Reimwort für
Hose finden Sie unter *o
lang* und eins für *Wein*
unter *ei*.**

(*Rose*) und Mehrzahl (*Rosen*) auf. Manche Verben finden Sie als Suchwort nicht nur im Infinitiv (*haben, sein, lachen*), sondern auch konjugiert (*habe, hat, bin, sind, lachte*).

Mit Ach und Krach: Reime in der Umgangssprache

Reime fallen uns auf. Und das auffälligste Merkmal bei Versen und Gedichten sind in der Regel Reime.

Nicht nur im Gedicht, auch in unserer Umgangssprache benutzen wir Reime. Manchmal zufällig, weil es einfach Wörter gibt, die sich reimen: *Katze* und *Tatze, laufen* und *schnaufen, bunt* und *rund, kunterbunter* und *doppelt gemoppelt*. Tauchen solche Reime auf, werden wir aufmerksam, freuen uns. Oder ändern ein Wort, wenn der zufällige Reim in einem Brief, einer Bewerbung auftaucht und dort unangebracht ist.

☞ Ganz sicher benutzen Sie bewusst oder unbewusst im täglichen Sprachgebrauch noch viele solcher stehenden Redewendungen. Achten Sie darauf, sie können Ihnen die Suche nach Reimen und sogar Versen erleichtern.

Wenn weit und breit Schützenfest ist, marschieren die Schützen im gleichen *Schritt und Tritt*. Uns zieht es mit *Sack und Pack* in die Ferne. Wir bringen eine Sache unter *Dach und Fach*, manchmal mehr *schlecht als recht*. Dabei riskieren wir, wenn uns niemand mit *Rat und Tat* zur Seite steht, dass wir *Knall auf Fall* baden gehen. Oder mit *Sang und Klang* durchs Examen fallen. Freizeit haben wir heute in *Hülle und Fülle*. Viele leben in *Saus und Braus*. Kaum einer lebt nach dem Motto *Eile mit Weile*. Überall herrschen *Jubel und Trubel*, und dabei gerät manch einer außer *Rand und Band*. Wir sagen von anderen, sie seien *außen hui, innen pfui*.

Der Endreim als Paar und Kreuz

Die Reime, die Sie bisher kennengelernt haben, standen immer am Ende der Verse. Deshalb nennt man sie – im Gegensatz zu anderen Reimformen – *Endreime*. Innerhalb eines längeren Gedichtes können Sie nun den Endreim auf unterschiedliche Weise einsetzen, und ich will Ihnen einige Möglichkeiten zeigen.

Die verschiedenen Reimmuster stellt man durch Buchstaben in alphabetischer Abfolge dar. Für solche Reimschemata wird der erste Reim mit *a*, der zweite mit *b*, der dritte mit *c* und so weiter bezeichnet.

Den Paarreim haben Sie schon in dem Schlaflied, bei dem Kniereitervers oder den Abzählreimen Ihrer Kinderzeit kennengelernt:

> Ene meine mu   a
> und raus bist du.   a

Zwei aufeinanderfolgende Verse werden durch Reime zu folgendem Vierzeiler (Quartett) verbunden:

> Sie reitet zwar ein Dromedar.   a
> Doch ob sie eine Fromme war,   a
> ist ungewiss. Es sagen Späher: b
> Teuf'lin kommt der Wahrheit näher. b

Im Kreuzreim, der schon ein bisschen schwieriger ist, verbindet sich jeweils ein Vers mit dem übernächsten Vers. Die Reimwörter überkreuzen sich.:

> Diese Frau, Marie mit Namen,   a
> ja, sie hebt des Festes Glanz.   b
> Fällt sie auch sehr aus dem Rahmen, a
> mit ihr wag ich einen Tanz.   b

Nur der Vollständigkeit halber erwähne ich hier noch den sogenannten umarmenden Reim, bei dem ein Reim ein Reimpaar oder sogar mehrere andere Reime umschließt, sprich umarmt.
Um Ihnen das Prinzip zu verdeutlichen, habe ich den Vierzeiler, das Beispiel für den Kreuzreim, abgewandelt:

> Diese Frau, Marie mit Namen,   a
> ja, sie hebt des Festes Glanz.   b
> Mit ihr wag ich einen Tanz,   b
> fällt sie auch sehr aus dem Rahmen. a

Dichter verbinden ihre Verse oft nach noch komplizierteren Reimschemata als diesen. Eine besonders kunstvolle Versbindung durch Reime hat zum Beispiel das Sonett. Es besteht aus zwei Quartetten mit dem Reimschema abba abba und zwei Terzetten (Dreizeilern), deren Schema variiert wird (cdc dcd, ccd eed oder cde cde). Wenn es Sie interessiert, lesen Sie Sonette von Gryphius, Goethe oder Eichendorff. (Shakespeares Sonette folgen einem anderen Schema.)

Reime haben natürlich kein Geschlecht.

Es hat sich eingebürgert, bestimmte Reime als weiblich, andere als männlich zu bezeichnen. Doch es gibt auch fachlich richtige Bezeichnungen für die damit gemeinten Reime. Wenn überhaupt, sollten Sie sich diese merken und sie benutzen.

> Baum – Traum
> Mut – gut

Enden Ihre Verse mit einem einsilbigen und betonten Wort, ist das ein *stumpfer* Reim.

> Gedichte – zunichte
> kommen – frommen

Enden Ihre Verse mit zweisilbigen Wörtern, bei denen die letzte Silbe unbetont ist, ist das ein *klingender* Reim.

Raten Sie, welcher Reim im folgenden Beispiel als weiblich, welcher als männlich bezeichnet wurde!

> Haus und Baum
> Kind, Gedichte
> machen diesen Männertraum
> ganz und gar zunichte.

Hier die Antwort: Weiblich ist klingend und männlich ist stumpf.

Vorsicht, hier wird geschummelt!

Das richtige Reimwort zu finden ist bisweilen gar nicht so einfach.

> Drum wünsch ich dir noch viele Jahre,
> Gesundheit, Glück und frohe Tage.

Richtig, das ist überhaupt kein Reim. Das ist geschummelt. Und manch einer neigt eben mehr zum Schummeln als der andere. Auch unsere großen Dichter haben sich schon ab und an mit dem klangähnlichen Wort geholfen. Doch offensichtlich werden bestimmte unreine Reime akzeptiert, andere nicht. Und das nicht nur im Volkslied, noch mehr im Kirchenlied. Häufig finden Sie bei unseren Dichtern folgende unreine Reime:

Die Selbstlaute klingen nur ähnlich

Man reimt z. B. i – ü kurz / ie – ü lang / e – ö / e – ä / ö – ä / ei – eu.

Goethe reimt: *stehn* auf *schön*, *Wetter* auf *Götter*, *Freuden* auf *Heiden*.

Schiller reimt: *befreien* auf *bereuen*, *Eile* auf *Keule*.

Brentano reimt: *Blick* auf *zurück*, *müd* auf *sieht*, *jähe* auf *Höhe*, *Händ* auf *brennt*, *hör* auf *mehr*.

Kurz gesprochene werden mit lang gesprochenen Vokalen gemischt

Goethe reimt: *Küsse* auf *Grüße*, *stach* auf *Ach*.

Schiller reimt: *hinab* auf *Grab* oder *Stab*, *Wahn* auf *an*.

Brentano reimt: *Kahn* auf *an*, *groß* auf *Schloß*.

Bei Hobbydichtern ist dieser Fehler sehr häufig, wir hatten schon ein Beispiel auf S. 19.

Die mittleren Konsonanten klingen nur ähnlich

Besonders häufig werden t – d »gereimt«.

Goethe reimt: *Winter* – *Kinder*. (Für einen Frankfurter mag das gleich klingen.)

Eichendorff reimt: *spannte* und *Lande*.

Ein klanglich stimmiger Reim ist – trotz d und t – dagegen

Manch ein Verseschmied begnügt sich mit einem Wort, das nur so ähnlich klingt.

☞ **Dennoch: ein Verstoß gegen die Klangschönheit. Vermeiden Sie ihn.**

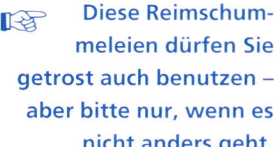

Diese Reimschummeleien dürfen Sie getrost auch benutzen – aber bitte nur, wenn es nicht anders geht.

der Reim aus dem Volkslied *Hänschen klein*. Am Reimende spielt die unterschiedliche Schreibweise keine Rolle:

> Da besinnt
> sich das Kind,
> läuft nach Haus geschwind.

Vor den folgenden Nicht-Reimen dagegen sollten Sie sich hüten. Die täglich in der Tageszeitung erscheinenden Guten-Tag-Anzeigen sind voll davon.

Lediglich die Anfangslaute sind dieselben
Das ist wirklich kein Reim:

> Eitelkeit – Ewigkeit
> Jahr – Jahr

Die Konsonanten in der Stammsilbe sind nicht gleich, die
Wörter klingen nur entfernt ähnlich, kein Reim:

> Jahre – Tage
> haben – sagen
> verderben – werden
> entscheiden – bleiben
> geschafft – gemacht

Die Konsonanten am Reimende sind nicht dieselben, kein
Reim

> Himmel – Schimmer
> dich – nicht
> Maus – graust

Die betonte Stammsilbe wird mit einer unbetonten Endung gereimt, das ist kein Reim und unschön

> heimlich – dich

Das müssten Sie nun wissen: So geht es nicht. Auch nicht in Guten-Tag-Anzeigen:

> Was wären wir denn ohne dich.
> Wir brauchen dich, vergiss das nicht.

Reimen Sie mutig *nich* auf *dich*:

> Was wären wir denn ohne dich.
> Wir brauchen dich, vergiss das nich.

Kreativ-Tipp: Trauen Sie sich in solchem Fall, Ihren geschriebenen Vers der saloppen Aussprache anzugleichen.

Kommt es denn überhaupt auf die Betonung an?
Ja. Reim ist Klang.

Darf man Dialekt verwenden?

Wer *Opa* mit langem *o* sagt, kann ohne weiteres *Opa* auf
Europa reimen. Wer allerdings Ruhrpötter ist und das *o* und
damit *Opa* zu *Oppa* verkürzt, der kommt in Schwierigkeiten. So können Sie auch *Oma* nur auf *Koma* und *Omma* nur
auf *Komma* reimen. Vermutlich geben aber beide Reime für
Ihre Verse nicht viel her.

Sehen Sie sich als Hamburgerin *Steiners Theaterstadl* an? Als
Kölner vielleicht *Unterwegs in Sachsen-Anhalt*? Als Sächsin
Kölle Alaaf? Oder als Münchner *Talk up platt*? Und als Ber-
liner *Mainz, wie es singt und lacht*?

Der Klang der deutschen Sprache, die Lautung, ist landschaftlich geprägt. Selbst wenn es heute auf Grund unserer
Mobilität kaum noch einheitliche Sprachräume gibt, haben
sich doch viele Besonderheiten bei Tonfall und Aussprache
erhalten. Das hat auch Auswirkungen auf den Reim.

Was ist richtig? Was ist falsch?

Wort	mögliche Aussprache	mögliche Aussprache
weg	wech	weck
lig	lich	lick
Tag	Tach	Tak
neige	neiche	neige
ich	isch	ich
ganz	janz	ganz

Der Dialekt – der ja keine Schriftsprache ist – und damit auch
die landschaftlich geprägte Aussprache, der Klang lässt sich
damit nicht bewerten. So wie er gesprochen wird, ist er auch
richtig.

**Richtig oder falsch – das
sind hier keine Kriterien.**

Hat nicht selbst der Hesse Johann Wolfgang von Goethe im
Faust unverzagt gereimt:

O neige
du Schmerzenreiche

Haben nicht andere Dichter, Gerhart Hauptmann zum Beispiel, gerade den Dialekt als Stilmittel für ihre Bühnenwerke entdeckt?

Soll ich Ihnen nun zureden, solche Dialektreime einfach zu benutzen? So nach dem Motto: Warum sollte der Bayer nicht *Watschen* auf *Latschen* reimen? Der Sachse *Modschegübchen* (Marienkäfer) auf *Bübchen*? Der Hamburger *snacken* auf *backen*? Der Dortmunder *Vatter* auf *Gatter*?

Oder der Berliner:

> Mein süßer Fratz, du liebe Zicke,
> es liebt dich einer, das bin icke.

Oder soll ich Sie – wie andere das tun – vor Dialektreimen warnen? Obwohl Sie doch den Zweizeiler des Berliners durchaus lustig finden?

Nein. Machen Sie sich den Dialekt für Ihre Reime zunutze. Warnen möchte ich Sie eigentlich nur davor, Dialektreime vor dem falschen Publikum zu verwenden. Wo Dialektreime von den Zuhörern verstanden oder von ihnen richtig eingeordnet werden können, dürfen Sie solche Reime verwenden. Sie sogar gezielt für besondere Effekte einsetzen.

Dasselbe gilt übrigens auch für die mundartlich anderen grammatischen Formen:

Komm bei mich, bei dich ist Patsche.

Kommter Eugen nach den Dom hin.

Und der oben zitierte Berliner Reim hieße dann ganz dialektvollendet:

> Mein süßer Fratz, du liebe Zicke,
> es liebt dir einer, det bin icke.

Der Schüttelreim

Zu den Endreimen gehört auch der sogenannte Schüttelreim. Für Ihre Verse und Gedichte werden Sie ihn kaum benötigen. Aber da er eine gute Überleitung zu einer ganz anderen Reimform, der Alliteration, bietet, möchte ich Sie doch damit bekannt machen.

Hin und wieder sind Sie bestimmt schon Schüttelreimen begegnet. Vielleicht wie ich in der Kindheit, wenn mein Vater sagte:

> Jetzt essen wir den Suppenhahn,
> den wir noch gestern huppen sahn.

Schüttelreime sind schwer zu bilden. Deshalb haben es wohl einige von ihnen zu einer gewissen Berühmtheit gebracht. Sie werden immer wieder gern zitiert.

> Es ginge unsrer Mutter besser,
> hätten wir ein Buttermesser.

> Du bist
> Buddhist.

Anders als der normale Endreim hat der Schüttelreim *zwei* Besonderheiten. Nicht allein die letzte, sondern die *letzten beiden* Stammsilben im Vers müssen sich reimen. Es können einzelne oder zusammengesetzte Wörter sein. Die verknappte Aussage *Du bist Buddhist*, bei der sogar die einzelnen Silben schütteln, ist eher eine Ausnahme.

Beim Schüttelreim wird zusätzlich zu der klanglichen Wirkung durch die Stammsilben mit den Anfangslauten gespielt. Das heißt, die Anfangslaute der beiden Reimwörter des ersten Verses müssen überkreuz zu den beiden Reimwörtern des zweiten Verses passen. Sie müssen auswechselbar sein und mit der jeweils anderen Stammsilbe ein sinnvolles Wort ergeben.

Richtig. Sie sollten sich zuerst zwei Reimwörter suchen, dann zu jedem dieser Reimwörter eines, das mit den Anfangslauten des anderen Reimworts beginnt. Ich mache es Ihnen an einem Beispiel vor. Meine Reimwörter:

> Mücken – Maus
> Brücken – Braus
> Wut – tolle
> tut – Wolle

Nun müssen aus diesen vier Wörtern Verse gebildet werden,

Das Spiel mit den Anfangslauten scheint nur auf den ersten Blick einfach. Probieren Sie es einmal.

die einen Sinn ergeben und auch rhythmisch in Ordnung sind. Hier die Ergebnisse:

     Die arme kleine Brückenmaus
             leidet unter Mückenbraus.

     Wer Kletten mir in Wolle tut,
             der spürt bald meine tolle Wut.

Auch diesen Schüttelreim, der beim Schreiben des Abschnitts entstanden ist, möchte ich Ihnen nicht vorenthalten:

     Die schönste Ros' des Rosenlaubs
             ward Opfer eines losen Raubs.

Der Reim am Anfang: Alliteration oder Stabreim

Der Schüttelreim hat Sie auf die klangliche Vielfalt der Anfangslaute eingestimmt. Bei der Alliteration geht es ausschließlich um das Spiel mit den Anfangslauten.

Milch macht müde Männer munter.
Milch macht muntre Mädchen müde.

Es genügt, zwei oder drei Wörter auf diese Weise zusammenzubinden und hervorzuheben.

Beide Sprüche treiben allerdings die Alliteration sozusagen auf die Spitze. Es ist nicht nötig, *alle* Wörter eines Verses mit demselben Buchstaben oder derselben Buchstabenkombination anfangen zu lassen.

Auch diese besondere Reimform ist ein Klangmittel. Dadurch, dass in einem Vers Wörter mit denselben Anfangslauten verwendet werden, entsteht ein besonderer Klang. Der Wortanfang wird besonders hervorgehoben und betont. Der gleiche Anfangslaut und der gleiche Klang wecken unsere Aufmerksamkeit, prägen sich ein. Und darauf kommt es an. Auch wenn wir durch eine Vorsilbe abwandeln, bleibt die Alliteration erhalten:

Milch macht todmüde Männer munter.
Milch macht muntre Mädchen todmüde.

Sie kennen die Alliteration aus vielen Redewendungen der Umgangssprache. Lesen Sie den folgenden Absatz laut:

Die Verwandten kommen mit *Kind und Kegel* zu Besuch. Oder bei *Wind und Wetter*. Und dann gibt es, was *Küche und Keller* bieten. Wir feiern nach *Lust und Laune*. Und dann geht es auch schon mal *drunter und drüber*. *Mann, oh Mann*, wir lieben es *frisch, fromm, fröhlich, frei*. Aber wir sind auch froh, wenn sie sich *samt und sonders* verabschieden. Und setzen *Himmel und Hölle* in Bewegung, um das *Salz in der Suppe* zu verdienen. Und haben doch keine *müde Mark* mehr. Wir sagen etwas *frank und frei* heraus, riskieren *Kopf und Kragen* oder nennen *Ross und Reiter*. Fürchten Kerle wie *Samt und Seide* weder *Tod und Teufel*? Selbst wenn das Schiff bei *Nacht und Nebel* mit *Mann und Maus* untergeht. Wir jagen jemanden mit *Schimpf und Schande* davon. Verurteilen ihn in *Bausch und Bogen*. Wir rotten das Unkraut mit *Stumpf und Stiel* aus. Und sind hinterher *fix und fertig*. Ja, *Glück und Glas*, wie leicht bricht das!

Alliteration gibt es in vielen Sprachen. Schon die alten Griechen und Römer benutzten sie. Auch in Sprachen, deren Wurzeln ganz anders liegen als bei unserer deutschen Muttersprache, ist diese Reimform bekannt und beliebt.

In germanischen Sprachen wird Alliteration auch *Stabreim* genannt. Der Name weist darauf hin, dass wir es mit der ältesten deutschen Reimform zu tun haben. Das altnordische *Stab* ist das alte Wort für Buchstabe und der Stabreim also ein Buchstabenreim. Stabreime finden sich schon in den Versen althochdeutscher

Zaubersprüche. Der folgende Vers stammt aus dem zweiten *Merseburger Zauberspruch*, den man benutzte, um Verstauchungen oder Beinbrüche zu heilen:

     Ben zi bene, bluot zi bluoda.

Bein zu Bein, Blut zu Blut – man kann sich vorstellen, dass die Suggestivkraft dieser Sprüche groß war. Auch althochdeutsche Heldenepen wie das *Hildebrandslied* benutzten den Stabreim und seine Klangfülle. Glücklicherweise wurden diese Reime zur Zeit Karls des Großen aufgeschrieben und dadurch erhalten, denn schon 100 Jahre später kamen sie schnell und endgültig aus der Mode.

Als reizvolles und besonderes Klangmittel wird die Alliteration auch heute noch verwendet.

Sie kennen vielleicht das Lied *Der fröhliche Wandersmann* des romantischen Dichters Joseph von Eichendorff, in dem sich viele Verse mit Alliteration aneinanderreihen:

     Wem Gott will rechte Gunst erweisen,
Den schickt er in die weite Welt,
Dem will er seine Wunder weisen ...
Die Bächlein von den Bergen springen,
Die Lerchen schwirren hoch vor Lust ...

Auch im zwanzigsten Jahrhundert gibt es viele Beispiele, vor allem bei dem Dichter Rainer Maria Rilke.

Besonders bekannt (und von Witzbolden vielfach parodiert!) sind die alliterationsreichen Texte des Opernkomponisten Richard Wagner. Ein Paradebeispiel ist die Zeile:

Weiche, Wotan, weiche!

In der Oper wird damit eine hochdramatische Warnung an den germanischen Gott Wotan ausgesprochen – angeblich flüstert der Darsteller des Wotan auf der Bühne seiner Partnerin, die schon tief Luft holt, um ihre Warnung hervorzuschmettern, schnell die Frage zu: »Isst du lieber harte Eier oder weiche?«

Und weil die Alliteration auch lustig ist und Witz hat, wird sie zum beliebten Stilmittel humorvoller Verseschmiede wie Wilhelm Busch, Eugen Roth, Mascha Kaléko oder Kurt

Tucholsky. Sie erzeugen damit Spannung oder lenken zur Pointe hin. Oder überraschen wie Robert Gernhardt in seinen Vierzeilern zu alliterierenden Redewendungen. Hier ein paar Beispiele, von denen Sie sich anregen lassen können.

> Sie ist ein reizendes Geschöpfchen,
> mit allen Wassern wohl gewaschen;
> sie kennt die süßen Sündentöpfchen
> und liebt es, häufig draus zu naschen.
> *Wilhelm Busch: Die Schändliche*

> Die lob ich mir, die leise tun und beten,
> doch viel zu laut sind mir, die leise treten.
> *Mascha Kaléko: Das himmelgraue Poesiealbum*

> Sprach der Samt zum Seide:
> »Tu mir nichts zuleide!«
> Drauf hat Seide diesem Samt
> hastig eine reingeschrammt.
> *Robert Gernhardt: Samt und Seide*

Sie sehen, das Klangmittel Alliteration war und ist bis heute beliebt, reizvoll und auffallend. Das zeigen nicht nur die vielen Redewendungen. Sondern auch jene Eigenschaftswörter, die in besonderer Weise steigern oder verstärken und sogar innerhalb desselben Wortes alliterieren: *klitzeklein, mucksmäuschenstill, nagelneu, stocksteif*. Und klingt nicht in dem lautmalerischen mecklenburgischen *Gullergatsch* viel deutlicher an, wie der Fuß im Sumpf versinkt und mit schmatzendem Geräusch herausgezogen wird, als in dem schlichten, gebräuchlichen *Matsch*?

Es gibt den *Media Markt*, den *Rasenden Reporter*, die *Roten Radler*, den *Flinken Finger*.

Erinnern Sie sich an Filmtitel, die Sie mit Alliteration ins Kino locken wollen. Aus dem Kinoprogramm einer Woche: *East is East, Mission to Mars* und *The Sixth Sense*. Und durch *Magic Movie* – nicht durch Magisches Kino – sollen Sie zu Filmen eines Fernsehkanals verlockt werden.

Weil Alliteration die Aufmerksamkeit auf sich zieht und einprägsam ist, wird sie verwendet, um Besucher, Kunden oder Käufer anzusprechen.

Erinnern Sie sich an Buchtitel, die zum Kauf animieren. Beispielhaft dafür die Titel des schwedischen Kriminalautors Henning Mankell: *Die falsche Fährte – Die fünfte Frau – Mittsommernachtsmord*. Zwei Bücher der Dichterin Jane Austen tragen die Titel *Pride and Prejudice* (Stolz und Vorurteil) bzw. *Sense and Sensibility* (Gefühl und Verstand).

Ganz gezielt macht sich die Werbung die Alliteration zunutze. Gibt es in deutschen Werbeslogans neuerdings vielleicht so viele englische Wörter, weil sich damit ganz neue Möglichkeiten zum Alliterieren auftun?

Ob Sie mit einem bestimmten Auto *Land und Leute* entdecken, die *Formel für Fitness* ausprobieren, sich durch ein Produkt *Fit for life* machen, ob Sie der Bausparkasse vertrauen, die Ihrer *Zukunft ein Zuhause* gibt, oder den Joghurt *aktimel* löffeln, der Ihre Abwehrkräfte *aktiviert*, immer ist es auch die Alliteration, die Sie dafür gewonnen hat. Selbst dann, wenn Sie *Käse mit Charakter* kaufen und die Zeitschrift *Fit for Fun* lesen.

Der *Käse mit Charakter* macht übrigens noch einmal deutlich, dass auch bei dieser Reimform der Klang und nicht die Schreibweise wichtig sind. Die Buchstaben K und Ch sind vom Laut her gleich, genau wie k und qu bei der Alliteration *kreuz und quer*.

Der Klangcharakter der Alliteration kommt am besten durch Konsonanten zur Geltung. Vokale (a, e, i, o, u), bei denen nichts mitklingt, eignen sich dafür weniger gut.

☞ **Alliteration ergibt sich manchmal von selbst, weil Wörter mit denselben Buchstaben anfangen. Sie kann also ein Zufallsprodukt sein. Nutzen Sie das für Ihre Verse und freuen Sie sich darüber.**

Versuchen Sie aber auch, die Alliteration gezielt einzusetzen. Die Aufmerksamkeit Ihrer Zuhörer beim Fünfzigsten Ihres Partners ist Ihnen bestimmt sicher, wenn Sie den Namen und eine bestimmte Eigenschaft des Geburtstagskindes in einer Alliteration kombinieren: der *gute Gerhard* oder die *kesse Katrin*, der *dicke Dennis* oder die *patente Petra*. Auch *Richard, der rasende Rodler* oder *Lisa, die launige Leseratte* machen sich sehr gut.

Lesen Sie noch einmal laut die Redewendungen und die Beispiele. Ich bin sicher, da kommt Ihnen spontan so manche Idee.

Auch beim Refrain erzielen Sie mit Alliteration besondere
Aufmerksamkeit. Über diese an bestimmter Stelle im Gedicht
regelmäßig wiederkehrenden Wortteile oder Sätze, die ein
längeres Gedicht so gut gliedern, erfahren Sie auf S. 66 noch
Genaueres. Aber gerade weil der Refrain sich wiederholt und
schon von daher auffällt, wird seine Wirkung durch Alliteration noch verstärkt. Dazu im Vorgriff auf die Seiten 83-84
ein kurzes Beispiel:

   Ruckedigu, ruckedigu,
       kein Blut ist im Schuh.
       Was alle wünschen wir und hoffen:
       Er hat die rechte Wahl getroffen.

In den Stammsilben der Reimwörter können folgende Vokale vorkommen:

a – ä – e – i – o – ö – u –ü

ai – au – ei – eu –äu

Stets lang gesprochen werden

  die Umlaute   ai, au, ei, eu, äu.

  die Doppelvokale aa, ee, oo, uu

         ie

Vokale mit Dehnungs-h: ah, äh, eh, ieh, oh, öh, uh, üh

  Ypsilon klingt wie i oder j.

*Gut gereimt ist halb
gewonnen. Deshalb fin-
den Sie hier noch ein paar
Tipps für die Praxis.*

Wie finde ich den richtigen Reim?

Stellen Sie sich vor, Sie möchten, dass dem Geburtstagskind
ein Ständchen gebracht wird, und Sie wollen mit Ihrem
Gedicht die Gäste auffordern, ein Lied zu anzustimmen. Sie
haben die Wörter *singen* und *anstimmen*, zu denen Sie nun
ein passendes Reimwort suchen.
Beginnen wir mit *singen*.
Von diesem Suchwort trennen Sie den Anfangslaut (An-
fangsbuchstaben) s ab. Übrig bleibt: -ingen.
Zu dieser Restsilbe plus Endung suchen Sie nun einen anderen Buchstaben oder eine Buchstabenkombination, mit dem
oder der zusammen der abgetrennte Wortteil ein neues sinnvolles Wort bildet. Gehen Sie alphabetisch vor!

Folgende Konsonanten (Buchstaben und Buchstabenkombi-
nationen) können Sie der Reihe nach ausprobieren:

B – Bl – Br
C – Ch – Chr – Chl[1] – Cl – Cr
D – Dr
F – Fl – Fr
G – Gl – Gr
H
J
K – Kl – Kn – Kr
L
M – Mn[2]
N
P – Pf – Pfl – Pfr – Ph – Phl – Phr[3] – Pl – Pr – Ps
Q
R
S – Sb[4] – Sc – Sh – Sk – Sl – Sp – Spl – Spr – St – Str
Sch – Schl – Schm – Schn – Schr – Schw
T – Tr
V – Vl[5]
W – Wh – Wr
X[6]
Z

[1] nur *Chlor, Chlorat*
[2] nur *Mneme* (= Gedächtnis, Erinnerung), *Mnemonik,
    mnemonisch, mnestisch*
[3] nur *Phrase* und abgeleitete Wörter wie *Phrasendrescher,
    phrygisch*
[4] nur *Sbirre* (= Kapuzenmantel), *Sbrinz* (= Hartkäse)
[5] nur *Vlies*
[6] nur sehr wenige Wörter

Bei der Restsilbe *-ingen* ist das nicht schwer. Schon bei *br*
werden Sie auf ein passendes Wort stoßen, das auch Sinn

macht: *br-ingen*. Insgesamt werden Sie acht Wörter finden, alles Verben: *bringen, dringen, klingen, ringen, springen, schlingen, schwingen, wringen.* Vier dieser Wörter lassen sich auch als Substantive verwenden: *Klingen, Ringen, Schlingen, Schwingen.*

Aber für Ihre Aufforderung an die Gäste, ein Lied anzustimmen, wird sich am besten *bringen* eignen:

> Weil wir dir nun ein Ständchen bringen,
> fangen alle an zu singen.

Bei dem zweiten Suchwort *anstimmen* gehen Sie genauso vor.

Zuerst streichen Sie wieder Vorsilbe und Anfangslaute der Stammsilbe weg. Übrig bleibt: *-immen*.

Nun probieren Sie wieder nacheinander die Konsonanten und Konsonantenkombinationen auf S. 36 aus. Es kann ja sein, dass Sie dann wie ich auf diese Aufforderung stoßen:

> Und wenn die ersten Sterne glimmen,
> wollen wir ein Lied anstimmen.

Doch es gibt auch ganz schwierige Suchwörter, und es kann vorkommen, dass sich partout kein Reimwort finden lässt.

Das Suchwort hieß *anders*.

Ich habe das Suchwort nach Sprechsilben zerlegt, in *an* und *ders*. Danach habe ich für *an* ein Reimwort gesucht und fand: *Mann.* Dann habe ich mir die grammatische Möglichkeit, zwei Wörter zu einem zusammenzuziehen, zunutze gemacht.

 Im Gedicht hörte sich das so an:

> Vielleicht war alles ganz anders
> und Bernd einfach nur ein Mann, der's
> große Glück genoss,
> dass Amor seinen Pfeil abschoss.

Kreativ-Tipp: Einen witzigen Trick, mit dem ich mir in einem Geburtstagsgedicht geholfen habe, verrate ich Ihnen hier.

So helfen Sie Ihrem Reimwort auf die Sprünge

Für Ihre Verse sind reine Reime natürlich das Beste. Allen großen Dichtern zum Trotz – Sie sollten es für sich schon zum Prinzip erheben, danach zu suchen, notfalls danach zu fahnden.
Es gibt ja eine ganze Reihe von Hilfen. Die wichtigsten Möglichkeiten werde ich Ihnen jetzt an Beispielen erläutern.

Sparen Sie Silben ein

> Zwischen Berg und kühlen Seen
> sah ich dann sehr zarte Feen
> auf der Waldeslichtung …?

Grammatisch richtig: stehen   aber: stehn

> Ist es nicht ganz wunderbar,
> sie wird heute hundert …?

Grammatisch richtig: Jahre   aber: Jahr
Übrigens: Eingesparte Silben müssen Sie nach der neuen Rechtschreibung nicht mehr durch einen Apostroph kennzeichnen. Das wirkt sich vor allem im Schriftbild der Gedichte aus. Ich empfehle Ihnen allerdings, den Apostroph einzufügen, wenn der Sinn sonst missverständlich würde.

Verlängern Sie durch Silben

So wie man Wörter wegen eines Reims verkürzen kann, ist es umgekehrt auch möglich, sie durch Silben zu verlängern: *Allein* wird zu *alleine*.

> Wir wünschen euch zu eurem …?
> Gesundheit, Glück und nur das Beste.

Grammatisch richtig: Fest   aber: Feste
Sie können Wörter auch verlängern, indem Sie eine Verkleinerungsform anhängen. Ein Reim auf *Bruder*? Sehr eingeschränkt. Ein Reim auf *Hasi*? Ebenfalls.
Aber für *Brüderlein* oder *Hasilein* bieten sich viele Reime an: *allein, Bein, Schein, fein, gemein, kein, klein, mein, rein, sein* usw.

Stellen Sie Wörter um

Grammatische Umstellungen kennen Sie von der Umgangssprache. Schauen Sie sich die folgenden drei Sätze an!

Er hat ausgerechnet meiner Schwester Rosen geschenkt.

Ausgerechnet meiner Schwester hat er Rosen geschenkt.

Rosen hat er ausgerechnet meiner Schwester geschenkt.

Ein anderes Beispiel:

Das kann er mit mir nicht machen

Mit mir kann er das nicht machen.

Das kann er nicht machen, *nicht mit mir*.

Das kann er nicht machen, *mit mir nicht*.

Lesen Sie laut, spüren Sie dem unterschiedlichen Rhythmus nach. Überlegen Sie, welchen Grund es für die Umstellung geben könnte.

Die Umstellung grammatischer Einheiten oder auch nur einzelner Wörter kann Ihnen helfen, Reime zu bilden und holprigen Rhythmus zu glätten. Darum will ich Ihnen das an einem Beispiel etwas ausführlicher deutlich machen.

Sie möchten folgenden Inhalt in Verse fassen:

Für einen guten Zweck zu spenden reicht mir aus Anlass des Geburtstags nicht. Ich möchte dem Geburtstagskind zusätzlich etwas Persönliches schenken: ein kleines Gedicht. Warum? Weil wir befreundet sind, aus Freundschaft also.

Der Anfang ist schnell gefunden:

     Zu solchem Anlass und großen Festen
        will ich nicht nur den Spendentopf mästen.

Der Inhalt der folgenden Verse ist auch klar. In der normalen grammatischen Abfolge würde er so formuliert:

Der Freundschaft eingedenk, gibt es da von mir ein kleines Gedicht als Geschenk.

Geschenk und *eingedenk* bieten sich als Reim wie von selbst an. Aber der Reim gehört ans Ende, und der Rhythmus muss auch stimmen. Bilden Sie zunächst kleinere grammatische Einheiten – *der Freundschaft eingedenk / gibt es da / von mir / ein kleines Gedicht / als Geschenk.* Und nun versuchen Sie, diese umzustellen. Sind die Verse nun nicht gelungen?

     Da gibt es, der Freundschaft eingedenk,
     ein kleines Gedicht von mir als Geschenk.

Wenn wir emotional besonders berührt sind und wenn wir das auch noch besonders betonen wollen, bieten sich zwei Stellen im Satz an: der Satzanfang oder das Satzende.

Versuchen Sie jetzt, aus den folgenden grammatischen Einheiten einen Dreizeiler zu machen. Suchen Sie die Reimwörter: *Das stellt sich als Frage – hier kommt die Antwort – Karen ist Waage, Bernd ist Stier.*

Wunderbar, wenn Sie die Reimwörter gefunden haben, ist die Sache ganz einfach:

> Das stellt sich als Frage.
> Die Antwort kommt hier:
> Karen ist Waage, Bernd ist Stier.

Rhythmisch noch schöner wäre: *Karen ist Waage, Bernd, der ist Stier.*

 Umstellungen dürfen nicht Selbstzweck sein. Doch Vorsicht! Versuchen Sie zunächst, der normalen umgangssprachlichen Satzstellung zu folgen.

Wohin gehört das Wichtigste?
Wenn Sie etwas betonen möchten, gilt bei Versen, was auch umgangssprachlich gilt: Die richtige Stelle dafür sind Satzanfang oder Satzende.
Wenn Sie ein bestimmtes Reimwort benötigen.
Wenn Sie einen bestimmten Rhythmus brauchen.

Dazu wieder das Beispiel einer Guten-Tag-Anzeige:

> Heut ist es nun endlich soweit,
> von Erziehungsversuchen bist du befreit.
> Doch hast du mal kleine oder große Sorgen,
> denk immer daran, auch noch übermorgen.
> Wir haben für dich stets ein offenes Ohr
> und tragen fast alles mit Humor.

Lesen Sie laut, betonen Sie normal. Die Verse sind holprig, der Sinn ist entstellt. Wir können doch nicht annehmen, dass die Eltern ihrem Sohn Philipp wünschen, er möge immer, auch noch übermorgen, an seine Sorgen denken. Genau das sagen ihre Verse aber jetzt aus! Daher muss zunächst die Zeichensetzung korrigiert werden. Auch die Umstellung im zweiten Vers ist überflüssig.
In dem Satz *Wir haben auch noch übermorgen für dich stets ein offenes Ohr* muss umgestellt werden, damit sich *übermorgen* auf *Sorgen* reimt. Doch wenn der Satz damit

beginnt, gibt es zwei inhaltliche Möglichkeiten. Hier bezieht sich *auch noch übermorgen* auf Philipp:

> denk immer daran, auch noch übermorgen:
> Wir haben für dich stets ein offenes Ohr ...

Im Folgenden bezieht sich *auch noch übermorgen* auf *wir*:

> Heute ist es nun endlich soweit,
> du bist von Erziehungsversuchen befreit.
> Doch hast du mal kleine, mal große Sorgen,
> denk immer daran, auch noch übermorgen
> haben wir für dich stets ein offenes Ohr
> und tragen fast alles mit Humor.

Wählen Sie ein anderes Wort

Aus einem Geburtstagsgedicht, das Rückschau hält, wie das Geburtstagskind und seine Frau sich gefunden haben, stammt diese Strophe.

> Und der Franz sprach: »Komm, wir kriegen
> jetzt drei Kinder und ein Haus!«
> Und das Haus steht in Drolshagen,
> damit ist das Lied fast aus.

Die Strophe könnte so bleiben. Denn die vier Verse werden durch zwei Reime – im zweiten und vierten Vers – zur Strophe gebündelt.

Doch wäre es nicht auch hübsch, wenn eine Strophe mit Kreuzreim gelänge? Der Ort Drolshagen kann nicht geändert werden, er ist eine feststehende Größe. Also muss ein anderes Wort für *kriegen* her, das sich auf *Drolshagen* reimt.

Folgende Reimwörter stehen zur Verfügung: *Blagen – fragen – Hagen – jagen – klagen – Kragen – Lagen/lagen – Magen – nagen – Plagen/plagen – ragen – sagen – schlagen – tragen – wagen – zagen.*

Versuchen wir es mit *wagen.* Der Kreuzreim stimmt. Und wie schön, dass das Reimwort den Sinn der Aussage sogar noch verstärkt.

> Und der Franz sprach: »Komm, wir wagen
> jetzt drei Kinder und ein Haus!«
> Und das Haus steht in Drolshagen,
> damit ist das Lied fast aus.

Machen Sie Einschübe

> Doch eines glaubt mir – das ist wahr –,
> ich komme wieder übers Jahr.

Wie diese Verse zeigen, können Sie manchmal das richtige Reimwort bilden, wenn Sie mit Einschüben arbeiten. Das erweitert Ihre Reimmöglichkeiten erheblich. Hier eine kleine Auswahl solcher möglichen Einschübe:

Seht nur her – schaut sie an – glaubt mir – glaubt mir doch – ohne Frage – oh, ihr Spötter – hört nur – hört nur, hört – was sag ich – ist doch toll – kaum zu glauben – halt – doch halt – nicht wahr – oh wie, ach – oh – soso – au wie – Mensch – Mann – Mann, oh Mann.

Benutzen Sie Hilfsverben

Oft haben Sie ein tolles Verb, aber leider finden Sie nur auf die Grundform einen Reim. Probieren Sie es mit Hilfsverben wie *können, möchten, mögen, müssen, sollen, wollen.*

> Woran mag es liegen,
> dass zwei sich jung kriegen?

Sie können – wie manch Hobbydichter das macht – sich auch mit *tun* behelfen. Doch das sollten Sie wirklich nur tun, wenn ein Reimnotstand vorliegt.

> Nur Reimnotstand, der macht vonnöten,
> dass Sie die Sprachschönheit tun töten.

Weitere Beispiele dafür finden Sie auf den Seiten 78-87.

☞ **Alle sechs Regeln von S. 38-42 können – und müssen manchmal sogar – angewendet werden, um Ihre Verse rhythmisch richtig zu gestalten.**

Benutzen Sie das Reimlexikon in diesem Buch

In vielen Fällen werden Sie dort fündig werden. Aber der Umfang dieses Buches setzt auch dem Umfang des Reimlexikons eine Grenze. In der Bibliothek oder im Buchhandel werden Sie umfangreichere Reimlexika finden.

Willy Steputats *Reimlexikon* gibt es in immer neuen und ergänzten Auflagen schon seit über hundert Jahren: 1997 neu bearbeitet erschienen bei Philipp Reclam junior in Stuttgart.

Also, der reine Reim sollte Ihr Ziel sein.

> Beim Reimen sei Ihr Ziel ganz klar:
> Der reine Reim ist wunderbar.

Und er müsste Ihnen gelingen, wenn Sie die Tipps befolgen und die Tricks anwenden, die ich Ihnen in Beispielen vorgestellt habe.

Doch wenn es gar nicht anders geht, dürfen Sie natürlich im Anklang an Goethe, Schiller, Brentano oder Eichendorff auch in Ihren Versen ein kleines bisschen schummeln. Die akzeptierten Reimschummeleien haben Sie auf den Seiten 25-27 ja kennengelernt.

Kreativ-Tipp: Klar, am Anfang steht der Inhalt, das, was Sie sagen möchten Trotzdem – lassen Sie sich durch ein Reimwort auch einmal inhaltlich davontragen. Dichten Sie nicht nur in festgefahrenen gedanklichen Bahnen. Was ist schon dabei, wenn der Inhalt einen Schlenker macht! Ist dafür der Reim besonders gelungen – was für eine Befriedigung! Seien Sie flexibel und kreativ!

Rhythmus ist Wohlklang

*Ach wie schön sind die Tön, wenn die Sprachmelodie
dringt ins Herz, lindert Schmerz – ich vergesse sie nie.
Dieser Klang macht nicht bang und erfreut jedes Herz
wie Gesang. Lausch ich lang, dann vergeht jeder Schmerz.*

Rhythmus macht den Meister

Ein guter Vortrag ist nur möglich, wenn Ihr Gedicht rhythmisch in Ordnung und flüssig zu lesen ist.

Reim und Rhythmus machen ein Gedicht aus. Beide erschließen sich erst, wenn wir ein Gedicht sprechen oder hören. Das gilt auch für Ihr Gedicht. Denn Sie wollen Ihr Gedicht, Ihre Verse vortragen, und dabei haben Sie Zuhörer. Im vorigen Kapitel haben wir uns mit Reim als Klang beschäftigt. Jetzt geht es um Rhythmus als Klang.

 An besonders schönen Tagen
ist der Himmel sozusagen
wie aus blauem Porzellan.

Lesen Sie diese Verse laut! Hören Sie, wie gelungen Erich Kästner einen schönen Sonnentag beschreibt?
Oder bleibt Ihnen der Rhythmus verschlossen? Dann ist der folgende kleine Versuch hilfreich.
Lesen Sie die Verse noch einmal laut. Betonen Sie dabei nachdrücklich jede zweite Silbe. Die Markierung hilft Ihnen:

Án besónders schönen Tágen
íst der Hímmel sózuságen
wíe aus bláuem Pórzellán.

Und nun lesen Sie noch einmal laut und betonen dabei die vorher unbetonten Silben.

> An bésondérs schönén Tagén
> ist dér Himmél sozúsagén
> wie áus blauém Porzéllan.

Was ist passiert? Aus *schönén Tágen* ist weniger klangvoll *schönén Tagén* geworden. Der Zauber des Gedichtes, das, was Sie anrührte, ist hin. Wie der Takt in der Musik hat Rhythmus mit Betonung zu tun. Der Walzertakt besteht aus drei Vierteln, von denen ein Viertel betont ist: eíns, zwei, drei – rám-bam-bam. Der Wechsel und die Abfolge von betont und nicht betont macht auch Sprache musikalisch. Rhythmus entscheidet darüber, ob ein Vers angenehm oder unangenehm klingt.

Rhythmus – in der Sprache, in der Filmmusik, in Opernarien oder in Schlagern – spricht unser Ohr an. Rhythmus geht ins Blut. Weckt Gefühle, lockt Emotionen hervor.

Das hat seine Gründe. Das Ohr ist unser wichtigstes Sinnesorgan für Kommunikation. Alle Geräusche werden über die Hörbahn zum Gehirn geleitet und vom sogenannten limbischen System, dem Speicher für emotionale Erfahrungen, bewertet.

Wer fühlen will, muss hören – so lautet ein Werbespruch für den WDR. Zu Recht. Ein Gedicht soll, ja, es muss die Gefühle der Zuhörer wecken. Ein Gedicht muss ansprechen, muss klingen, muss Emotionen wecken.

Machen Sie jetzt die Probe aufs Exempel. Versuchen Sie, die folgenden Verse klangvoll und rhythmisch richtig vorzutragen. Lesen Sie wieder laut:

> Wie an allen Hochzeitstagen
> möcht ein liebes Wort ich sagen:
> Bist mein Schatz und für mich da.
> Würdest du mich heute fragen:
> »Willst du es noch einmal wagen?«
> Ach, ich sagte zweimal Ja.

Rhythmus ordnet den Sprachfluss zu Klangmustern. Gibt die Bewegung vor, den Takt.

☞ **Denken Sie immer daran: Sie tragen Ihr Gedicht vor, Ihr Gedicht hat Zuhörer. Überprüfen Sie Reim und Rhythmus, indem Sie Ihr Gedicht mehrfach laut lesen.**

Dieses Kapitel wird Ihnen helfen, den richtigen Rhythmus zu finden und Ihre Verse für die große oder kleine Gelegenheit zu einem Gedicht zu bündeln, das Ihre Zuhörer anspricht, interessiert und berührt. Denn erst wenn zu klangvollem Reim rhythmischer Sprachfluss kommt, entsteht ein Gedicht.

Der Herzschlag Ihres Gedichts

Sie müssen die Sprache – wie Wasser – zum Fließen bringen. Sprachfluss entsteht durch Bewegung und Rhythmus. Wellen – mit ihrem Auf und Ab von Wellenkamm und Wellental – veranschaulichen diese fließende Bewegung:

Der Wellenkamm entspricht jeweils der betonten, das Wellental der unbetonten Silbe. Denn beim Sprechen setzen wir durch die Betonung Akzente. Doch wenn wir sprechen, entsteht natürlich nicht immer dasselbe Wellenmuster. Welche Muster entstehen, hängt davon ab, was wir sagen möchten und welche Wörter wir dafür verwenden. Inhalt und Wortwahl haben Einfluss auf die Betonung.

Das Versmaß ergibt sich, wenn Sie betonte und unbetonte Silben aneinanderreihen und zu einer Verszeile vereinigen.

Den Rhythmus eines Gedichts nennt man Versmaß (oder Metrum). Doch das Versmaß ist keine feste Größe.
Sie können:
- eine betonte Silbe mit ein oder zwei unbetonten Silben zu einer kleinen Einheit gruppieren
- die unbetonten Silben der betonten Silbe vorangehen oder nachfolgen lassen
- Ihren Vers mit einer betonten oder unbetonten Silbe beginnen oder beenden.

Dadurch haben Sie viele rhythmische Möglichkeiten.
Die schematische Darstellung macht die Sache einfacher. Folgende Zeichen haben sich dafür eingebürgert:

betonte Silbe ´   unbetonte Silbe ⌣

> Bunte Blumen (´◡´◡) blauer Himmel (´◡´◡)
> schmerzender Lachmuskel (´◡◡´◡◡)
> zärtliche Leidenschaft (´◡◡´◡◡)
> empor (◡´) zum Mond (◡´) Refrain (◡´)
> Immerhin (◡◡´) sie besingt die Marie (◡◡´◡◡´)
> und der Tanz (◡◡´)

Das mag Ihnen sehr theoretisch vorkommen, und vielleicht fragen Sie jetzt: Kommt es denn überhaupt auf die Betonung an? Ist das denn so schlimm, wenn ein Wort falsch betont wird? Gibt es einfache Gesetze oder Regeln für die Betonung?
Diese Fragen werde ich Ihnen jetzt beantworten.

Kommt es denn überhaupt auf die Betonung an?
Schauen Sie sich die folgenden Wortpaare an.

Versenden – versenden   Montage – Montage
 (´◡◡) – (◡´◡)   (´◡◡) – (◡´◡)

Im ersten Augenblick werden Sie die Wörter vielleicht nicht ohne weiteres richtig erkennen und lesen. Da wird leicht aus den *Vers-Enden* die Tätigkeit *versenden*. Aus *Montage* die Mehrzahl von *Montag*.
Es kommt also auf die richtige Betonung an, weil sie über die Bedeutung der Wörter entscheidet.
Bei Versen und Gedichten gibt es aber noch weitere Gründe für die richtige Betonung. Und damit sind wir schon bei der zweiten Frage.

Ist es denn so schlimm, wenn ein Wort falsch betont wird?
Bitte lesen Sie laut!

> Das tut dir in den Ohren weh, (◡´◡´◡´◡´)
> denn dieser Vers, der stolperte. (◡´◡´◡´◡◡)

Weh und *stolperte* bilden keinen Reim. Betonen Sie *stolperte* aber so, dass es sich auf *weh* reimt, ist die Betonung falsch, der Wortsinn geht verloren, die Verse holpern und stolpern.

Noch deutlicher wird dies an Versen, die häufig in Guten-Morgen-Anzeigen der Tageszeitung benutzt werden. Lesen Sie laut:

> Alt macht nicht die Zahl der Jahre, (´◡´◡´◡´◡)
> alt machen nicht die grauen Haare. (´◡◡´◡´◡´◡)

Nun noch einmal laut – der zweite Vers wurde von mir ein bisschen abgeändert:

> Alt macht nicht die Zahl der Jahre, (´◡´◡´◡´◡)
> alt macht nicht das Grau der Haare. (´◡´◡´◡´◡)

Vergleichen Sie die Betonungsmuster!
Jetzt versuchen Sie es einmal allein. In demselben Guten-Morgen-Gedicht heißt es weiter:

> Alt ist, wer den Mut verliert   (   )
> und sich für nichts mehr interessiert. (   )

Nehmen Sie einen Bleistift zur Hand und schreiben Sie das Betonungsmuster in die Klammern daneben.

Überlegen Sie, was Sie im zweiten Vers weglassen können, um den Rhythmus zu verbessern.
Wunderbar – so ist es richtig! Das Prinzip, Silben einzusparen, kennen Sie ja schon vom Reim her (s. S. 38). Sie nehmen also bei *interessiert* ein *e* weg. Und da das allein nicht ausreicht, ersetzen Sie das Wörtchen *und* durch ein Komma. Schon stimmt das Betonungsmuster:

> Alt ist, wer den Mut verliert,   (´◡´◡´◡´)
> sich für nichts mehr intressiert. (´◡´◡´◡´)

Verändern Sie einen der folgenden Verse so, dass der Rhythmus stimmt. Streichen Sie ein Wort und ersetzen Sie es durch ein Komma. Das Betonungsmuster hilft Ihnen:

Dazu Gesundheit und Sonnenschein, (◡´◡´◡◡´◡´)
so soll dein ganzes Leben sein.   (◡´◡´◡´◡´)

Lesen Sie die verbesserten Verse jetzt noch einmal laut.
Sie hören und sehen am Betonungsmuster jetzt selbst:

Erst der richtige Fluss
macht den Vers zum Genuss.

Gibt es einfache Regeln für die Betonung?

Erinnern Sie sich an die Abzählreime, die Sie früher als Kind beim Versteckspiel benutzt haben.

Nur Mut! Richtig betonen ist eigentlich kinderleicht.

Ene mene mu
und raus bist du!
Raus bist du noch lange nicht,
sag mir erst, wie alt du bist!
Eins, zwei, drei, vier, fünf, sechs, sieben,
auf dem hohen Berge drüben
steht ein Schloss von blanken Zinnen,
wohnt ein alter Riese drinnen.
Fällt der Ries den Berg hinab,
bricht er sich die Beine ab,
doch er geht auch ohne Bein,
kann ja zaubern! – Du sollst sein.

Auch die Redewendungen aus der Reimkiste der Umgangssprache betonen Sie automatisch richtig:

Ach und Krach – Mann und Maus – Kind und Kegel
(⸝ ‿ ⸝) – (⸝ ‿ ⸝) – (⸝ ‿ ⸝ ‿)

Bei der Redewendung *Mann und Maus* hören Sie, dass *und* nicht betont wird. Das liegt an seiner grammatischen Funktion, es verbindet zwei betonte einsilbige Substantive. Die meisten Wörter haben aber nun einmal mehrere Silben, und gewöhnlich wird nur eine von ihnen betont. Im Alltag machen wir das automatisch richtig, aber beim Dichten wird hier häufig gesündigt. Und das muss nicht sein.
Erinnern Sie sich, was Sie auf S. 14-16 zum Thema *So kommt der Gleichklang zustande* gelesen haben.
Wörter bestehen aus einer Stammsilbe. Sie können zusätzlich eine Vorsilbe und/oder eine Endung haben. Meist wird die Stammsilbe betont. Aber bei manchen Wörtern werden die Vorsilben und nicht die Stammsilben betont.

Wort	unbetonte Vorsilbe	betonte Stammsilbe	unbetonte Endung
Frau		Frau	
blass		blass	
empor	em-	por	
lacht		lacht	
Frauen		Frau-	en
blasse		blas-	se
freilich		frei-	lich
lachte		lach-	te
Refrain	Re-	frain	
Vertrauen	Ver-	trau-	en
verblasste	ver-	blass-	te
belachen	be-	lach-	en

Wort	betonte Vorsilbe	unbetonte Stammsilbe	unbetonte Endung
anlachen	an-	lach-	en
Vorspeisen	Vor-	speis-	en
Nachhut	Nach-	hut	
Vorhaben	Vor-	hab-	en

Bei zusammengesetzten Wörtern und Wörtern mit zwei Stammsilben wird die Betonung ein bisschen komplizierter. Es gibt Wörter, die werden auf der ersten Stammsilbe betont, weil diese die zweite Stammsilbe inhaltlich genauer bestimmt, die Bedeutung festlegt. Die *Ahn*frauen bezeichnen die *Frauen* näher, *Frost*wetter das *Wetter*. *Hoffnungs*froh die Art des *Frohseins*, *hirn*verbrannt die Stelle, die *verbrannt* ist. Der *Enten*teich ist ein *Teich* für Enten wie der *Forellen*teich ein *Teich* für Forellen. Und ganz verzwickt: Der *Garten-schlauch*halter ist kein *Halter* für einen x-beliebigen Schlauch, sondern eben für den *Garten*schlauch, einen *Schlauch*, den wir im Garten benutzen.

Das gilt gleichfalls für Wörter, die auf der Vorsilbe betont werden. Denn auch diese Vorsilbe bestimmt das Verb inhaltlich genauer und legt seine Bedeutung fest: bei *nachgeben*

Ohne Ausnahme gilt: Die Betonung bei diesen Wörtern liegt immer auf der Silbe, die für die Bedeutung entscheidend ist.

dominiert die Bedeutung von *nach* die des Verbs *geben*, bei *vorbestellen* bewirkt das kleine *vor* dasselbe für das Verb *bestellen*.

Dann gibt es noch jede Menge Wörter, die aus anderen Sprachen – u. a. aus dem Griechischen, dem Lateinischen, dem Englischen oder Französischen – in unsere Sprache übernommen, transportiert worden sind. Für sie gelten besondere Regeln.

Als Beispiel hier nur eine kleine Auswahl: *banál, brutál, elegánt, Energíe, Fanál, kolossál, Melodíe, minimál, Paradíes, totál.*

Ist das in Versen denn mit der Betonung genauso?

Leider nicht. In Versen können Wörter, müssen aber nicht unbedingt betont werden. Durch Umstellung und besondere Heraushebung kann es sein, dass die Regel, die für das einzelne Wort gilt, aufgehoben ist. Sie können z. B. zurückblättern und werden sehen, dass in den beiden letzten Versen des Eingangsgedichts, das auf S. 44 steht, die Wörter *jedes* bzw. *jeder* nicht mehr, wie im Alltag, aus je einer betonten und einer unbetonten Silbe bestehe, sondern ganz und gar unbetont sind.

Wenn aber ein Wort im Vers betont wird, dann muss die Betonung auf die Silbe fallen, die auch im alltäglichen Gebrauch die Betonung trägt.

Auf drei- und mehrsilbige Wörter fällt immer auch eine Betonung.

Reimwörter werden stets auf den Stammsilben betont, es sei denn, sie haben eine betonte Vorsilbe.

> Kommt ein Wort im Vers daher,
> wird es mit der Regel schwer.
> Denn im Vers – so ist es richtig –
> ist allein der Rhythmus wichtig.

Verse laufen auf Versfüßen

Verse *laufen* durch den Rhythmus. Ihre rhythmische Bewegung ergibt sich durch den Wechsel von betonten und unbetonten Silben. Durch dieses ständige Auf und Ab kommt eine Wellenbewegung zustande.

Die Raupe benutzt die rhythmische Wellenbewegung zur Fortbewegung. Deshalb habe ich das Bild der Raupe gewählt, um Ihnen die Sprachbewegung, den Sprachrhythmus anschaulich machen zu können:

Um die unterschiedlichen rhythmischen Möglichkeiten schematisch erfassen zu können, hat man für das Gleichmaß der Wortbewegung ein System gefunden, die Metrik. Dabei ist der *Versfuß* die kleinste metrische Einheit. Sie umfasst die eine betonte Silbe mit ein oder zwei unbetonten Silben.

Für betonte und unbetonte Silben gibt es noch andere Bezeichnungen:

betont: schwer – lang – Hebung

unbetont: leicht – kurz – Senkung

Die Zeichen für Hebung und Senkung kennen Sie schon von S. 46.

$$\text{betonte Silbe} \;\; \acute{} \qquad \text{unbetonte Silbe} \;\; \smile$$

Verse unterscheiden sich in der Menge der Versfüße, auf denen sie daherkommen. Vergleichen Sie die folgende Strophe ...

 Die Vier ist weg,   ($\smile\acute{}\smile\acute{}$)
sei nicht verwundert.   ($\smile\acute{}\smile\acute{}\smile$)
Nun kommt der Speck.   ($\smile\acute{}\smile\acute{}$)
Bald bist du hundert.   ($\smile\acute{}\smile\acute{}\smile$)

... mit diesen Zeilen, die zum gleichen Anlass gedichtet wurden:

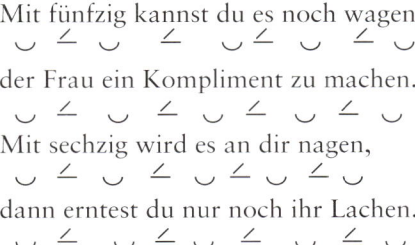

Mit fünfzig kannst du es noch wagen,
der Frau ein Kompliment zu machen.
Mit sechzig wird es an dir nagen,
dann erntest du nur noch ihr Lachen.

Lesen Sie beide Vierzeiler laut! Sie hören, dass der erste Vierzeiler abgehackt klingt. Jede Zeile besteht aus nur zwei Versfüßen. Dagegen wirken die vier Versfüße des zweiten Vierzeilers klangvoller, geben vom Rhythmus einfach mehr her. Das müssen Sie berücksichtigen, wenn Sie Ihr Gedicht schreiben.

Setzen Sie, um die Anzahl der Versfüße festzustellen, bei den ersten Zeilen Ihres Gedichtes Betonungszeichen.

Meine Empfehlung: Die Zeilen Ihres Gedichtes sollten wenigstens drei Versfüße haben.

Trochäus und Jambus

Die Betonungsmuster der Wörter finden sich bei den metrischen Mustern, die ich Ihnen jetzt vorstelle, wieder. Beginnen wir mit einfachen zweisilbigen Betonungsmustern, die wir aus den Wörtern

Rosen und *empor* kennen.

Mein geliebter, teurer Vetter
wird von Jahr zu Jahr nur netter.
Wären alle so wie du,
fänd die Menschheit Glück und Ruh.

Die Raupe bewegt sich in diesem Gedicht im Trochäus-Rhythmus:

Der Versfuß ist zweisilbig. Auf die Hebung folgt die Senkung, auf die betonte Silbe also die unbetonte Silbe. Dadurch ist die Wortbewegung schnell: rám-bam. Das haben die Griechen wohl ebenso empfunden und diesem Versfuß den Namen *Trochäus* gegeben. Das bedeutet soviel wie Läufer, Renner.

Bei unserem Beispiel ergibt sich dadurch ein Wechsel von betontem und unbetontem Versende. Richtig – die Verse enden wechselweise auf klingenden und stumpfen Reim.

Der letzte Versfuß im dritten´und vierten Vers ist unvollkommen, ihm fehlt die unbetonte Silbe (Senkung). Das ist erlaubt, nicht nur in diesem Fall. Auch bei anderen metrischen Mustern darf man beim letzten Versfuß die unbetonte Silbe – bei dreisilbigen Versfüßen sogar zwei unbetonte – weglassen. Die Hebung allerdings muss immer vorhanden sein.

Was erreichen Sie, wenn Sie Senkungen ausfallen lassen? In jedem Fall bekommen Ihre Verse dadurch besondere Wucht, und Sie zwingen die Aufmerksamkeit des Lesers auf die Stelle, an der die beiden Hebungen unverbunden aufeinander folgen. Unsterblich ist Wilhelm Buschs vergnüglicher Einfall:

 Madame Sauerbrot, die scheintot gewesen, tritt herein.

Es gibt noch einen weiteren zweisilbigen Versfuß, den *Jambus*. Dieser beginnt mit der unbetonten Silbe, auf die die betonte Silbe folgt. Jambus heißt übersetzt ein-Fuß, ein-Schritt. Das griechische Wort deutet auf den antiken Weingott Dionysos: In der kultischen Handlung wurden Gedichte gesungen und dazu nach dem rhythmischen Muster bam-rám der erste Fuß leicht, der zweite stampfend aufgesetzt.

Und so läuft die Raupe jetzt in Jamben:

Mein Vetter bist du, lieb und teuer
ᴗ ´ᴗ ´ᴗ ´ᴗ ´ᴗ
für dich geh ich durchs Feuer.
Doch halt, das könnt zu heiß mir sein,
und darum lass ichs lieber sein.

Daktylus und Anapäst

Die Betonungsmuster von dreisilbigen Wörtern wie *Mausezahn* und *Paradies* sind etwas schwieriger.

　　　´ᴗ ᴗ　　　ᴗ ᴗ ´
　　Mausezahn　　Paradies

Der Walzertakt mit seinem rám-bam-bam ist der *Daktylus*
unter den Tanzrhythmen. Beide haben das gleiche rhythmische Muster: Auf eine betonte Silbe folgen zwei unbetonte
Silben.
Diese Raupe bewegt sich im Daktylus-Rhythmus:

*Dreisilbige Wörter und
damit auch dreisilbige
Verfüße sind klangvoller,
erinnern uns an Lieder
und Tänze.*

Im Griechischen heißt *Daktylos* der Finger. Es ist möglich,
dass der Name auf die Anatomie unseres Fingers deutet: ein
langes Fingerglied, dem zwei kurze folgen. Möglicherweise
auch auf ein fingerlanges Maß. Warum das Versmaß so
heißt, ist damit nicht erklärt. Aber es wird verständlich,
warum der österreichische Schriftsteller Joseph Weinheber in
seinem Gedicht *Der Daktylus* vom Finger spricht.

Fingerlein bin ich und zärtliche Zehe,
´ᴗ ᴗ ´ᴗ ᴗ ´ᴗ ´ᴗ
Ach, meine Füße vergehn vor der Nähe.

Wie bei den zweisilbigen Versfüßen gibt es auch bei den dreisilbigen die Umkehrung. Beim *Anapäst* folgt auf zwei unbetonte Silben eine betonte Silbe – bam-bam-rám.
Und so läuft die Raupe:

Die Übersetzung des griechischen Wortes Anapäst *zurück-schlagen, nachschlagen* deutet darauf hin, dass dieser Versfuß am Ende betont wird. Auch zum *Anapäst* gibt es von Weinheber ein Gedicht:

Ich als Takt – ohne Tat – hab es nie so gewollt.
◡ ◡ ∠ ◡ ◡ ∠   ◡ ◡ ∠ ◡ ◡ ∠
Mir war Fingerlein lieb und die Zehe tanzhold.

Allerdings gibt es zwischen Daktylus und Anapäst im Deutschen keine eindeutigen Grenzlinien. Der Grund dafür liegt in der Möglichkeit, die Verse mit unvollständigen Versfüßen enden zu lassen. Fehlt im letzten Versfuß die Senkung, entsteht der Eindruck, Sie machten beim Sprechen eine Pause.

So finden Sie den richtigen Rhythmus für Ihr Gedicht

Manche Menschen haben den Rhythmus im Blut. Ob Tango oder Discofox – sie finden auf Anhieb den richtigen Takt.

Naturbegabungen gibt es wie beim Tanz, so auch für den Sprachrhythmus. Aber viele Hobbydichter haben ihre Schwierigkeiten damit.

Doch der Rhythmus der Sprache ist hörbar, und Ihr Gehör und damit Ihr Gefühl für Sprachrhythmus können Sie schulen. Das machen Sie sich zunutze. Lesen Sie Gedichte. Oder die Beispiele in diesem Buch.

Sagen Sie die Verse, aus denen Sie Ihr Gedicht formen wollen, laut vor sich hin. Sehr oft werden Sie dann schon merken, wo es holpert oder stolpert. Versuchen Sie andere Lösungen.

Erst dann schreiben Sie den gefundenen Vers oder die Verse auf.

Im nächsten Schritt setzen Sie Betonungszeichen über die Silben. Haben Sie durchgängig das richtige Versmaß?

Haben Sie Trochäus oder Jambus verwendet?

Oder den komplizierten Daktylus oder Anapäst?

Haben Sie die richtigen Wörter betont? Die Wörter, auf die es Ihnen bei Ihrem Gedicht ankam? Sie wissen es nicht? Klatschen Sie den Rhythmus!

| Trochäus: | rám-bam | rám-bam | rám-bam |
| Jambus: | bam-rám | bam-rám | bam-rám |

Daktylus: rám-bam-bam   rám-bam-bam   rám-bam-bam
Anapäst: bam-bam-rám   bam-bam-rám   bam-bam-rám

Und weil Daktylus und Anapäst vielen Hobbydichtern schwer fallen, hier noch zwei Gedichtbeispiele:

 Fingerlein hat er und winzige Zehen,
Augen so blau wie die Kornblum im Feld.
Ach, wer kann bloß solche Wunder verstehen.
Kinder sind mehr wert als Gut oder Geld.

 Dieses Kind, das geschwind auf die Welt zu uns kam,
das so fein und ganz klein in der Wiege dort liegt,
schaut uns an, zieht in Bann, und im Herz wird es warm.
Hat uns schnell auf der Stell mit 'nem Lächeln besiegt.

 Der Kreativ-Tipp: Versuchen Sie doch, diesen Vierzeiler einfach mal zu singen!

Setzen Sie die Betonungszeichen. Der Kreativ-Tipp hilft Ihnen.
Das Ständchen auf S. 86/87 ist auf diese Weise entstanden.

Was mache ich, wenn der Rhythmus nicht hinkommt?

Probieren Sie es zunächst mit den Hilfen, die Sie schon für den Reim kennengelernt haben.
Sparen Sie Silben ein:

Augen so blau wie die *Kornblum* im Feld ...
... hat uns schnell auf der *Stell* mit '*nem* Lächeln besiegt.

Verlängern Sie durch Wörter:

Das *so* fein und *ganz* klein in der Wiege *dort* liegt.

Stellen Sie Wörter im Vers (im Satz) um:

In Göttingen war es,
da hab ich vernommen,
der Storch ist beteiligt,
wenn Kinder kommen.

Wenn Sie das Gefühl haben, Ihre Verse stimmen rhythmisch nicht, lesen Sie die Verse jemandem vor. Bestätigt Ihr Gegenüber Ihren Eindruck, nehmen Sie sich Vers für Vers vor. Setzen Sie die Betonungszeichen. Korrigieren Sie den Rhythmus da, wo er holprig ist.

In den Fußstapfen großer Dichter: Rhythmische Eselsbrücken

Und wie finden Sie den passenden Rhythmus für das, was Sie sagen wollen? Ist Ihrem Inhalt der schnelle Trochäus oder Jambus angemessen? Oder passt besser der klangvolle, rhythmisch anspruchsvollere Daktylus oder Anapäst?

Es ist nicht immer einfach, dem Gedichtinhalt die passende Form zu geben. Man kann jeden Inhalt in eine Form gießen. Es gibt kein Gesetz, das verbietet, ein lustiges Gedicht in Jamben oder einen ernsten Inhalt in Daktylen zu fassen!

Wie finde ich also nun den passenden Rhythmus für das, was ich sagen möchte?

Wie so eine rhythmische Kopie eines bekannten Werks aussehen könnte, habe ich Ihnen ja schon auf S. 45 vorgemacht. Im Angleich an Kästners Gedicht *An besonders schönen Tagen* fängt mein Gedicht an *Wie an allen Hochzeitstagen* ...

Und erinnern Sie sich, bei Weinheber heißt es:

> Fingerlein bin ich und zärtliche Zehe

Mein Vierzeiler beginnt:

> Fingerlein hat er und winzige Zehen

Aber das rhythmische Muster dieser Vorlage – beginnend mit einem dreisilbigen Substantiv, das auf der ersten Silbe betont wird, vor der letzten Hebung ein dreisilbiges Adjektiv, das ebenfalls auf der ersten Silbe betont wird (zärtliche bzw. winzige) – dieses Muster lässt sich vielfältig variieren:

> Turnschuhe trägt sie zu seidigen Strümpfchen ...
> Leberwurst ißt er und harzigen Roller ...

Und plötzlich fällt es leicht, das vorgegebene Muster zu verlassen:

> Leidenschaft fühlt sie beim Anblick des Liebsten ...
> Hirnverbrannt scheint ihm die Lust auf die Gurken ...

Und die rhythmischen Vorlagen, wo bekomme ich die her? Für jedes metrische Muster finden Sie Beispiele in diesem Buch.

In jedem Gedichtband finden Sie passende Gedichte.

Ich will Sie nicht einengen, nur auf die Vielzahl der Möglichkeiten hinweisen.

Um den richtigen Rhythmus zu finden, ist es manchmal ganz hilfreich, sich von Schriftstellern und großen Dichtern vormachen zu lassen, wie es geht. Für den Rhythmus, das Versmaß gibt es kein Plagiat. Es gelten andere Regeln als für den Inhalt. Den Rhythmus dürfen Sie kopieren.

Für längere Gedichte eignen sich besonders Balladen. Diese
erzählenden Gedichte, mit denen die Schulkinder früher so
gequält wurden, haben einen Rhythmus, der zu längeren
Ausführungen drängt. Aber es ist natürlich ein Unterschied,
ob Sie Schillers *Kraniche des Ibykus* oder Webers *Dreizehn-
linden* als Vorlage wählen. Schillers Ballade beginnt so:

> Zum Kampf der Wagen und Gesänge,
> der auf Korinthus' Landesenge
> der Griechen Völker wohl vereint,
> zog Ibykus, der Götterfreund.

Schillers Jamben werden Sie zu Jamben wie diesen inspirieren:

> Zur Taufe bin ich gern gekommen,
> hab auch ein Bäumchen mitgenommen,
> das pflanz ich ein und sag: Werd groß
> wie dieses Kind in Mutters Schoß.

Der westfälische Dichter Friedrich Wilhelm Weber bindet in
seinem 358 Seiten langen, 1878 erschienenen Epos *Drei-
zehnlinden* Strophen geschickt durch Wiederholungen aneinander. Diesen Trick sollten Sie in Ihren Gedichten ruhig
einmal ausprobieren:

> Auf die Bleiche bringt das Mädchen,
> was der Winterfleiß gesponnen,
> und im Hain erzählt die Amsel,
> was im Schnee sie still ersonnen.
>
> Sind es auch die alten Töne,
> die bekannten, längst vertrauten,
> doch die Bleicherinnen lauschen
> *gern den süßen lieben Lauten.*
>
> *Gern den süßen lieben Lauten,*
> die in Berg und Tal erklingen;
> Hirtenbub und Köhlerknabe
> horchen auf, um mitzusingen.

Anläßlich der Hochzeit eines Neffen kann Webers *Dreizehn-linden*, das hier sogar Familienlektüre war, zu den folgenden Versen inspirieren:

    Gregor, heute wird gefeiert,
und damit das Lied nicht leiert,
haben wir mal nachgesehn,
wo die großen Verse stehn.

Wo die großen Verse stehn,
danach haben wir gesucht,
bis wir diese Vers' gefunden,
manchmal auch ganz leis geflucht.

Reim und Rhythmus vereint zum Gedicht

 Ein Vers ist nur Zeile und mehr leider nicht.
Zwei Verse dagegen sind doch eher schlicht
wie Verse in Form, wenns an Inhalt gebricht.
Erst Form macht den Inhalt zu einem Gedicht.
Und Form heißt, dass Reim sich mit Rhythmus
verbinde,
dass Sprache zu Klang wird, ins Ohr dringt gelinde.
Ein Klang, der sodann die Gefühle anspricht!

Fangen Sie klein an: Zweizeiler und Vierzeiler

Die Anzahl der Verse oder Strophen, die Länge der Strophen, die Möglichkeit eines Refrains, das Spiel mit Rhythmus und Reim eröffnen Ihnen vielfältige Möglichkeiten. Hier alle Gedichtformen vorzustellen ist unmöglich.

Die einfachsten Gedichtformen sind Zweizeiler, Vierzeiler oder Sechszeiler. Bei ihnen reichen schlichtes Reimschema und einfacher Rhythmus.

Natürlich können Sie sofort mit dem großen Werk loslegen. Aber wenn Sie sich das mehrstrophige Gedicht noch nicht zutrauen, fangen Sie eben klein an.

Auf jeden Fall bieten sich die einfachen Gedichtformen fürs Training an. Und selbst wenn Sie jetzt ein zweifelndes Gesicht machen – Verse zu schmieden ist eine Sache der Übung und auch gut, um die grauen Zellen zu aktivieren. Themen für dieses Gehirnjogging bieten sich überall im Alltag an.

Je mehr Sie dichten, umso mehr wird Ihnen einfallen, und umso größer wird Ihre Lust, neue Formen auszuprobieren.

Überlegen Sie, in welcher Situation mir wohl diese Verse eingefallen sind.

     Und da putz ich, putz ich, putz ich.
                         Trotzdem ist der Ofen schmutzig.

Richtig: beim Säubern der Backröhre

☞ **Diese einfachen und kurzen Gedichtformen eignen sich gut für Eintragungen ins Gästebuch, in Poesiealben, für Valentinsgrüße, Guten-Tag-Anzeigen und Begrüßungen von Gästen bei Festen.**

     Ach, welch ungeahnter Zauber,
                         diese Bluse, die ist sauber.

Richtig: in der Waschküche

     Wo sich bloß die bösen Zecken
                         in deinem dichten Fell verstecken?

Richtig: als ich Bobbys Fell nach Zecken absuchte

Wenn Sie sich in Zweizeilern sicher fühlen, wenn dort Reim und Rhythmus stimmen, wagen Sie sich an den Vierzeiler. Versuchen Sie es mit dem Paarreim, dann erst mit Kreuzreim (s. S. 22/23).

Und der Zweizeiler von S. 11?

Richtig: beim Schreiben dieses Buches

Sie werden sehen: Wenn die Situation die Gefühle entsprechend zuspitzt, kommt es leicht zu Mehrzeilern wie diesem:

                         Wenn ich dich hör in Garten rusteln,
     könnt ich dich glatt zum Himmel pusteln
                         und noch viel weiter bis zum Mond,
                         ganz sicher, dass sich dieses lohnt:
                         Dann mach ich meine Augen zu
                         und finde Mittagsschlaf und Ruh.

Richtig: als Nachbar Peter mittags nebenan aktiv
                         wurde

Darfs komplizierter sein? Limerick und Sonett

Schon der Fünfzeiler, wenn er dann noch in Gestalt eines Limericks daherkommt, ist etwas komplizierter. Bei diesem kurzen Gedicht sind die Form und streng genommen sogar Teile des Inhalts vorgegeben.

Beim Limerick folgen auf zwei Verse mit jeweils drei Versfüßen (drei betonten Silben) zwei kürzere mit jeweils zwei Versfüßen, dann wieder ein dreifüßiger Endvers. Ob Sie ein zweisilbiges oder dreisilbiges Versmaß nehmen, ist Ihnen freigestellt. Zusätzlich ist ein bestimmtes Reimschema vorgeschrieben:

a ⌣—́⌣⌣—́⌣⌣—́⌣
a ⌣—́⌣⌣—́⌣⌣—́⌣
b ⌣⌣—́⌣⌣—́
b ⌣⌣—́⌣⌣—́
a ⌣⌣—́⌣⌣—́⌣⌣—́⌣

Der Limerick hat – vielleicht – seinen Namen von der irischen Grafschaft Limerick oder auch der Stadt gleichen Namens.

Die inhaltlichen Vorgaben haben es – wie Sie gleich sehen werden – in sich. Das erste Reimwort soll eine geographische Bezeichnung sein. Erlaubt sind aber auch Personennamen und – wie bei diesem von Rudyard Kipling gedichteten Limerick – zwei gleiche, auf den Ortsnamen sich reimende Wörter:

There was a young Lady of Riga,
who rode with a smile on a tiger.
  They returned from the ride
  with the lady inside
and the smile on the face of the tiger.

Eine Übersetzung ins Deutsche hat bei Gedichten ihre Tücken. Ich hoffe, dass meine Nachdichtung Ihren Beifall findet:

Eine junge Dame aus Niger
ritt lächelnd auf einem Tiger.
  Als zurück vom dem Ritt,
  war der Tiger doch mit
der Lady im Bauch lächelnd Sieger.

Versuchen Sie jetzt einmal, für folgende Ortsangaben je zwei Reimwörter zu finden:

München   –   Hamburg   –   Kassel   –   Erfurt   –   Bayern   –   Sachsen   –   Hessen

....

....

        Im schönen Frankfurt am Main
                            wohnt mein Bruder, der Kain,
                                vom selben Nabel
                                wie ich, der Abel,
                            den er wird erschlagen im Hain.

Spaßiger Inhalt,   Der Limerick gehört zu den Nonsense-Versen. So bringt der
Nonsense muss sein.   letzte Vers oft eine überraschende Wendung – das Lächeln
                            des Tigers. Wie der Witz hat der Limerick also eine Pointe.
                            Sie dürfen solche Vorgaben aber ruhig abwandeln. Machen
                            Sie einen Limerick, der in der ersten Zeile weder Ortsbe-
                            zeichnung noch Personennamen enthält.

        Ein winziger Dackel, der sabbert
                            und auch noch den Teppich anknabbert …

Dennoch – Ortsangaben oder Namen geben dem Limerick für Guten-Tag-Anzeigen, Gästebucheintragungen oder witzige E-Mails den besonderen Pfiff.

        Nicht nur der Mond scheint in Herne,
                            ich geh da auch essen sehr gerne.
                                Bei Muttern und Kohl,
                                da fühl ich mich wohl.
                            Drum kriegt dieses Haus auch *****.

Und nun wieder etwas Praxis. Haben Sie Reimwörter gefunden? Ich helfe Ihnen.

München	–	*Hamburg*	–	*Kassel*	–	*Erfurt*	–	*Bayern*	–	*Sachsen*	–	*Hessen*
tünchen		Chirurg		Schlamassel		Spurt		freier		wachsen		vermessen
lynchen		Dramaturg		Gequassel		gurrt		Dreier		Haxen		kessen

Versuchen Sie, mit Hilfe der Reimwörter einen Limerick zu machen.

  Ein Berliner, der kam mal nach München.
Vor Angst, dass die Bayern ihn lynchen,
weil er Weißwurst und Haxen
nicht war gewachsen,
da ließ er die Currywurst tünchen.

Wenn Sie einen Limerick machen wollen, fällt Ihnen das leichter, wenn Sie zuerst die drei Reimwörter der dreifüßigen Verse suchen.

Auf S. 24 war schon vom Sonett und seiner rlativ komplizierten Reimstruktur die Rede. Ich habe hier für Sie ein Sonett in der Form geschrieben, die Gryphius benutzt hat, ein weiteres Muster finden Sie auf S. 82. Falls Sie ein Shakespeare-Sonett schreiben wollen: Meine Versuche in dieser Form stehen auf S. 90 und S. 91. Die folgenden Verse können Sie an einen Menschen – Frau oder Mann – senden, der Ihre Verehrung verdient.

Für dich

Für dich, da sollten die Sterne tanzen,
sollten Kometen am Himmel stehn,
sich die Milchstraße schneller drehn.
Für dich, da sollte der Mond im Ganzen

die Nacht erleuchten, dir Licht zuschanzen,
sollten Sternschnuppen niederwehn,
sollte das Sternbild nicht vergehn.
Dir sollten Englein Planeten pflanzen.

So fern der Himmel, der unbewegte.
Da ist kein Gestirn, das für uns sich regte.
So fern der Himmel. Du bist uns nah.

Wir fühlen in deiner Lieb uns geborgen.
Du hörst immer zu bei Freuden und Sorgen.
Du bist der Fixstern, stets für uns da.

So bündeln Sie Verse zum Gedicht

Wie die Zweizeiler zeigen, ist die einfachste Methode, Verse zu einem Gedicht zu bündeln, der Paarreim (s. S. 23).

Ebenso fügt der gleiche Rhythmus mehrere Verse zu einem Gedicht zusammen.

Längere Gedichte können Sie durch *Strophen* (s. S. 11/12) gliedern. Friedrich Schillers Ballade *Die Bürgschaft* besteht aus 20 gleich gebauten Strophen, Goethes Erlkönig aus acht, sein Gedicht *An den Mond* aus neun Strophen.

Auch der *Refrain* bindet Verse zu einem längeren Gedicht.

☞ **Wörter, Wortgruppen oder Sätze, die wiederholt werden (= Refrain), fallen auf und wecken die Aufmerksamkeit Ihrer Zuhörer.**

Von *Refrain* sprechen wir, wenn Wörter, Wortgruppen oder Sätze an einer bestimmten Stelle im Gedicht – häufig ist das am Ende der Strophe – wiederholt werden. Besonders häufig ist der Refrain in Volksliedern.

Die vier Strophen des Liedes *Auf der Lüneburger Heide* enden mit den Worten:

> Valleri, vallera
> und juchheirasasa!
> Bester Schatz, bester Schatz,
> denn du weißt, du weißt es ja.

In dem Lied *O my darling Clementine* singen Sie fünfmal *O my darling, o my darling, o my darling Clementine! Thou art lost and gone for ever, dreadful sorry, Clementine!*

In *Santa Lucia* erklingt sechsmal *venite all'agile barchetta mia Santa Lucia, Santa Lucia.*

Wenn Sie das Publikum in Bann ziehen möchten, ist der Trick mit der Frage oft hilfreich. In einem Gedicht für ein Freundespaar habe ich eine Frage an den Anfang gestellt und diese Frage im Verlauf des langen Gedichts dreimal wiederholt.

✏ **Kreativ-Tipp: Wenn Sie in Ihrem Gedicht eine Frage stellen, sollten Sie auch eine Antwort darauf geben.**

> Woran mag es liegen,
> dass zwei sich jung kriegen,
> dann Kinder, dann Enkel,
> und dass selbst mit siebzig
> die Liebe nicht gibt sich?

Kommen wir zur Sache: Inhalte

 Für Inhalt gibt es keine Norm.
Gib deinem Inhalt eine Form.

Fit und sicher in Reim und Rhythmus können Sie jetzt loslegen.

Sie möchten die Gäste begrüßen. Sich durch etwas Gereimtes oder eine Eintragung ins Gästebuch beim Gastgeber bedanken. Sie möchten jemandem Ihre Liebe erklären oder zeigen. Sie möchten gratulieren und Glückwünsche aussprechen. Sie möchten einen Menschen würdigen. Oder man hat Sie dazu ausgeguckt, bei einem Betriebsfest, einer Karnevalsfeier oder einem Jubiläum ein paar launige Worte zu sagen.

Es versteht sich von selbst, dass die Gelegenheit den Inhalt für Ihre Verse vorgibt. Glückwünsche oder Dankeschön, Liebes oder Launiges, Vorschau oder Rückblick.

Der Anlass bestimmt, was Sie in Ihren Versen sagen müssen und werden.

Am Anfang steht die Idee

Es liegt nahe, für einen runden Geburtstag, eine silberne oder goldene Hochzeit ein wenig Rückschau zu halten. Sie können eine Art Lebenslauf anbieten, Anekdoten aus dem Leben des Geburtstagskindes oder Ehepaares vortragen. Kleine Begebenheiten, die Sie mit dem Befeierten erlebt haben, zum Besten geben.

Es liegt auch nahe, für eine Feier, die in den Karneval oder Fasching fällt, sich gute Witze, komische Wortspiele oder groteske Pointen zu überlegen.

Im Familien- und engeren Freundeskreis können Sie andere Inhalte zur Sprache bringen als bei der Riesenfete, bei der die Gästeschar bunt gewürfelt ist.

Doch Vorsicht! Die Gäste kennen sich nicht alle untereinander, haben eine mehr oder weniger enge Verbindung zum Jubilar, zum Geburtstagkind. Sie kennen sie oder ihn aus unterschiedlichen Gründen: weil sie Nachbarn sind oder in derselben Firma arbeiten, weil sie ein gemeinsames Hobby haben oder zusammen Sport treiben.

 Auf das Publikum und den Rahmen kommt es an!

Egal, wer oder was gefeiert wird: Behalten Sie die Gästeschar – also Ihr Publikum – im Blick. Kollegen werden sich mit Anekdoten aus der Kinderzeit, die nur die Familie witzig findet, schwer tun. Geschäftsfreunde oder die Chefin werden Anspielungen auf Charakterschwächen nicht vergessen, die neue Partnerin die Bezeichnung *toller Hecht* oder *Windhund* nicht unvoreingenommen akzeptieren können. Eine Büttenrede ist nur im Karneval angebracht, nicht bei der offiziellen Verleihung des Bundesverdienstkreuzes.

So bringen Sie Salz in die Suppe: Vergleiche und Bilder

Für einen Zwei- oder Vierzeiler, für einen Limerick ist der Inhalt oft nicht schwer zu finden. Aber Sie haben sich vorgenommen, ein langes Gedicht für eine besondere Gelegenheit zu machen. Was nun?

Nur *herzlichen Glückwunsch* zu sagen, ist zu wenig. Was Sie brauchen, ist ein bisschen Fleisch für die Gedichtsuppe, eine leckere Einlage eben.

Bilder gehören zu den Merkmalen eines Gedichts.

Das ist der richtige Zeitpunkt, um über Inhalte nachzudenken. Was wollen Sie in Verse bringen? Einen Lebenslauf? Oder soll es etwas allgemeiner Gehaltenes, aber für die Situation Passendes sein? Was bietet sich an, um daran anzuknüpfen?

Das ist auch der richtige Zeitpunkt, um über Bilder und Vergleiche nachzudenken.

Diese Verse stammen aus Eduard Mörikes *Um Mitternacht*:

 Gelassen stieg die Nacht an Land,
lehnt träumend an der Berge Wand.

Für mich eines der schönsten lyrischen Bilder. Sehen Sie auch vor sich, wie die Nacht aus dem Wasser ans Land steigt und sich an die Bergwand lehnt? Rührt dieses Bild Sie an?

Doch wo steckt das Geheimnis? Wie ist das Bild zustande gekommen? Wie ist es gemacht? Es ist eine Übertragung, ein Vergleich. Die Nacht wird mit einem handelnden Wesen, einem Menschen gleichgesetzt, wird, wie wir sagen, personifiziert und mit besonderen Eigenschaften *gelassen, träumend* beschrieben.

Vergleiche benutzen Sie auch in der Umgangssprache. Er stolziert *wie* der Storch im Salat, sie sitzt *wie* die Glucke auf den Eiern. Sie läuft schneller *als* ein Wiesel.

Bei poetischen Bildern fehlt das Vergleichswort. Aber wir verstehen den Vergleich, obwohl er nur im Kopf vollzogen wird. Solche Bilder nennt man auch *Metaphern*. Oder man spricht von metaphorischer Sprache. Metapher stammt von dem griechischen Wort für *anderswohin tragen, übertragen*.

Auch die Umgangssprache kann auf das Vergleichswort verzichten: Der tickt nicht richtig. Ihr qualmen die Socken. Aus dem möchte ich Frikassee machen. Der steht gern im Rampenlicht.

Selbst wenn Sie sich nicht in die dichterischen Höhen Mörikes wagen, lassen Sie sich ruhig anspornen, Bilder und Vergleiche zu bringen. In einer Guten-Tag-Anzeige fand ich dieses Bild:

> Das Arbeitsende wartet am Tor.

Es gibt Bücher mit sprichwörtlichen Redewendungen und Redensarten, die eine Fundgrube für Sie sein können.

Garnieren Sie mit Veilchen, aber nicht nur mit Natur

Neben den Bildern bieten sich auch thematische Schlenker an, um ein längeres Gedicht unterhaltsam zu machen. Greifen Sie die Natur auf, die Jahreszeit. Pflanzen und Tiere machen sich gut, vor allem wenn sich persönliche Bezüge herstellen lassen. Die Lieblingsblumen, das Haustier, der Hund, den die zu Feiernde fürchtet, der Rasen, der penibel gepflegt wird.

Denken Sie an die symbolische Bedeutung, die viele Blumen haben: Rosen stehen für Liebe, Veilchen für Bescheidenheit. Denken Sie an Vergissmeinnicht und Männertreu. Giftpilz und Gemeine Kratzdistel.

Blumen können Sie bei jeder Gelegenheit sprechen lassen.

Vergessen Sie nicht die Farben der Blumen, die auch symbolisch bedeutsam sind. Von alters her steht Rot für Liebe, Blut und Tod; Blau für Treue, Romantik und Sehnsucht, als Blues auch für Melancholie; Gelb für Freiheit im Denken und Handeln, Optimismus, Ferne und Neid; Grün für Natur, Hoffnung, Gift und Neid; Schwarz für Trauer und Tod; Weiß für Freude und Unschuld.

Auch durch das Wetter, Sonnenschein, Regen oder Sturm, Hitze oder Kälte, durch kosmische Erscheinungen wie Sonnen- oder Mondfinsternis lassen sich Bezüge zur Person herstellen, originelle Schlenker finden. Denken Sie nur an den Hitzkopf, den Sonnenschein, den stürmischen Liebhaber.

Warum nicht ein politisches Ereignis der Vergangenheit oder Gegenwart aufgreifen? Warum nicht die liebevolle ironische Gleichsetzung mit einer historischen Persönlichkeit? Besonders wenn derjenige, den Sie mit Ihrem Gedicht feiern möchten, geschichtlich interessiert ist?

Für Geburtstagsgedichte greifen Sie auf die Bedeutung von Namen, auf Horoskope oder Sternzeichen zurück. Das chinesische Horoskop, in dem nur das Geburtsjahr zählt, erlaubt humorvolle Deutungen, wenn jemand im Jahr der Schlange, im Jahr des Pferdes oder des Schweins geboren ist. Viel gibt auch der Beruf her. Sie können allgemein auf ihn anspielen oder nur auf einzelnes Handwerkszeug oder eine besondere Tätigkeit. Versteckte Hinweise machen die Zuhörer neugierig, lassen die Insider schmunzeln.

Für den Schwager, der in der Stahlbranche tätig war: *Was du geschafft in Stahl und Eisen …*

Für den Schwager, der Drogist gelernt hat: *Er fing an, das Gift zu mischen …*

Für den guten Freund, von Beruf Jurist, mit Anspielung auf das Sternzeichen:

> Er habe – so sagen die Sterne –
> Kapital und Finanzen so gerne.
> Bestimmt wurd er deshalb Richter
> am Finanzgericht und nicht schlichter
> wie ich als Wassermann Dichter.

In längere Gedichte können Sie auch ein passendes Zitat einflechten. Allerdings sollten diese Zitate nie zu lang sein. Setzen Sie die Länge des Zitates ins richtige Verhältnis zur Länge des eigenen Gedichtes. Wenn Ihr Gedicht nur zwölf Verse hat, ist ein Zitat von zwei Versen Länge das Maximum.

Machen Sie Anspielungen auf familiäre oder landesübliche Bräuche. Auf Mannsein und Frausein. Ihren Ideen sind kaum Grenzen gesetzt. Nur – Ihr Publikum im Blick – sollten Sie darauf achten, dass jeder weiß oder zumindest ahnen kann, worum es geht, und dass Ihr Gedicht für den Adressaten nicht peinlich wird.

Greifen Sie Erlebnisse aus dem Urlaub auf. Schmücken Sie aus, wenn es an Sprachkenntnissen mangelt, immer derselbe Urlaubsort sein muss, von der Kreuzfahrt nur geträumt wird.

Wo finde ich Inhalte, wenn mir nichts einfällt?

Es gibt viele Möglichkeiten, Ihr Gedicht inhaltlich aufzupeppen. Damit Sie schnell auf Ideen kommen, habe ich Ihnen ein Stoff-Sammelsurium zusammengestellt.

Persönliches	Natur	Aktuelles	Anspielungen
Aussehen, Lebenslauf, Beruf (Arbeitsmittel, Handwerkszeug), Hobby (Sammelleidenschaft, Angeln, Gärtnern, Kegeln, Aquaristik, Töpfern, Malen), Sport (von Après-Ski bis Wandern), Haus, Wohnung, Haustier, Auto, Reisen, Kindheits-, Jugenderlebnisse, Sprachen, besondere Fähigkeiten, Leistungen	Jahreszeit (Frühling, Sommer, Herbst, Winter), Wetter (Sonnenschein, Regen, Wolken, Sturm, Wind, Schnee, Hitze, Kälte, Frost, Eis, Eisblumen), kosmische Ereignisse (Tag, Nacht, Sonnenfinsternis, Mondfinsternis, Vollmond, Neumond, Sterne, Sternschnuppen) Tiere, Pflanzen, Lieblingsblumen, Blumenfarbe	Feste, Karneval, Ostern, Weihnachten, Vatertag, Muttertag, usw. Politisches, Aktien, Börse, Internet Mode, Haarschnitt, Beförderungen, Berufswechsel, Jubiläum, neues Auto, neues Haus, Ferienhaus, Geburt eines Kindes, Enkelkindes Sportabzeichen, Ehrendoktor, Bundesverdienstkreuz	Kindheit, Jugend, Partnerwahl, verwandtschaft- oder freundschaftliches Verhältnis, Bedeutung von Namen, Bedeutung von Pflanzen, Vergleiche mit Tieren (Vorsicht!), Horoskop, Bräuche, Bedeutung von Farben, Märchen, Sagen, Dichterworte, Frauentypisches, Männertypisches, Geschlechterproblematik

Weiterhelfen können Ihnen Horoskopbücher, Horoskope, Familienbücher, Lexika, Gedichtbände. Alte Gedichtbände sind oft thematisch gegliedert, sodass Sie nicht lange suchen müssen.

So arbeiten Sie Themen in Ihr Gedicht ein

Wenn Sie nun passende Inhalte gefunden und ausgewählt haben, können Sie damit umgehen, wie es zu Ihnen und dem Gedicht passt. Hier ein paar Vorschläge.

Das Gedicht für den Schwager, der Pralinen importiert, fängt dann vielleicht mit den Versen an:

    Voller Süße ist der Knabe,
          den ich hier zu feiern habe.

Halten Sie in einem Gedichtband Ausschau nach dem Wörtchen *süß* und verwenden Sie das eine oder andere Zitat. Sagen Sie ruhig in Ihrem Gedicht, von wem es stammt. Völlig vergebens warnt uns Mörike:

    Das süße Zeug ohne Saft und Kraft,
          es hat dir all dein Gedärm erschlafft.

Manchmal ist man ganz überrascht, was die Großen so gedichtet haben

Das folgende Gedicht ist ein Beispiel zum Thema *Lebenslauf*. Das Geburtstagskind war gelernter Drogist, wurde dann aber Kirchenmusiker.

          In dem Jahre neunundzwanzig,
          in dem Ort, den jeder kennt,
          wurd ein Knabe uns geboren,
          den die Mutter Fränzchen nennt.

          Fränzchen kräht nachts lang und länger,
          bis die Mutter freudig spricht:
          »Dieser Junge wird ein Sänger!«
          Doch ein Sänger wurd er nicht.

          Er fing an, das Gift zu mischen,
          bei Altmikus in der Stadt.
          Obwohl mancher überlebte,
          hatt er diesen Job bald satt.

Franz fing an, Musik zu machen,
in der Kneipe und im Dom.
Immer saß am Pult ein Mädchen,
dachte: »Wart, nach dem Diplom …!«

Als er endlich ausstudieret,
gabs für ihn kaum ein Zurück:
Lenchen nahm ihn in die Arme
und sprach: »Franz, du bist mein Glück!«

Und der Franz sprach: »Komm, wir wagen
jetzt drei Kinder und ein Haus!«
Und das Haus steht in Drolshagen,
damit ist das Lied fast aus.

Lieber Franz, noch viele Jahre
stetig vorwärts, nicht zurück
und dazu noch Schnaps und Tabak!
Sag mal, wär das nicht dein Glück?

Haben Sie wie ich als Kind dem Storch Zucker hingestellt,
weil Sie ein Geschwisterchen wollten? Dann könnte es im
Gedicht zum runden Geburtstag der Schwester heißen:

In Göttingen war es,
da hab ich vernommen,
der Storch ist beteiligt,
wenn Kinder kommen.
Schon mit drei, vier, fünf Jahren
war mir völlig klar,
dass Geschwister zu haben
nur Storchsache war.
Schmähst den Storch du
und nennst ihn ein dummes Luder,
bringt er dir prompt
den gewünschten Bruder.
Für die Schwester, da musst du
loben und schmeicheln.
Nennst du ihn Bester,

lässt er sich erweicheln.
Doch bevor ich vom Storch
konnt die Schwester erflehn,
war in der Hauptstadt Berlin
längst alles geschehn.
Was jetzt muss gesagt sein –
Storch hin oder her –,
ist für mich gar nicht rühmlich
und fällt mir doch schwer:
Um den Storch, da hat Ute
sich gar nicht geschert,
weder Zucker noch ihm gute
Worte gewährt.
Diese Tatsache bleibt,
die für mich eher schmerzlich:
Ute empfing mich wenig herzlich.

Trotz dieses lauen Empfangs lautete der Refrain:
Storch, Storch, Bester,
danke für die Schwester!

Wenn Sie ein Gedicht zur grünen Hochzeit suchen: Auf
S. 85/86 steht ein Beispiel, bei dem es um die *rechte Braut*
geht, wie im Märchen.

Kann man auch Anspielungen auf Sex und Sexualität machen?

Die richtige Balance zwischen Intimität und Öffentlichkeit zu
finden ist nicht immer leicht und gelingt nicht immer. Sie
möchten im Zweifelsfall mit Ihren Versen wohl niemanden
in Verlegenheit bringen. Vor allen nicht den Menschen, der
gefeiert werden soll. Dem zu Ehren oder dem zu Liebe Sie das
Gedicht machen möchten.
Wie Sie auf glückliche Stunden anspielen können, ohne indis-
kret zu werden, zeigt das für meinen Mann gedichtete
Ständchen auf S. 88/89.

So bringen Sie Witz in Ihre Verse

Erfüllen Sie die Erwartungshaltung, können Sie Ihre Zuhörer nicht überraschen. Geben Sie Ihren Versen aber inhaltlich eine Wendung, die unerwartet kommt, ist Ihnen Aufmerksamkeit sicher. Dieses Spiel mit der Erwartungshaltung ist ein wesentliches Moment für Spannung und für Witz.
Lesen Sie die folgenden zwei Verse:

> Wenn der Hund schon alt und sabbert,
> ruhlos durch die Wohnung tappert ...

Was erwarten Sie? Vor allem, wenn Sie Tierliebhaber sind? Wie könnte das Gedicht weitergehen? Als ein Abgesang auf einen lieben tierischen Hausgenossen? Als ein Loblied auf seine Anhänglichkeit auch noch im Alter? Oder als Beschreibung der Zuneigung, die man in der Familie für das Tier hat?

> Wenn der Hund schon alt und sabbert,
> ruhlos durch die Wohnung tappert,
> wäre Zeit für einen neuen,
> dass sich alle wieder freuen.

Wenn Sie auf Zitate von Dichtern und Schriftstellern zurückgreifen wollen, suchen Sie nicht gerade bei Goethe, Schiller oder Eichendorff. Deren Verse reizen weniger zum Schmunzeln oder Lachen als ein Zitat von Eugen Roth, Erich Kästner oder Mascha Kaléko.
Das Mörike-Zitat, das Sie auf S. 72 gelesen haben, ist ein Beispiel dafür, wie man mit Zitaten dem eigenen Gedicht eine witzige Wendung geben kann.
Viele der Gedichtbeispiele in diesem Buch geben Ihnen Hinweise darauf, wie Sie Ihre Verse mit Witz und Humor gestalten können. Lesen Sie beim Limerick auf S. 63-65 nach. Mit seinem auf eine Pointe und Nonsense hinauslaufenden Inhalt ist er unter allen Umständen witzig.
Auch Schüttelreime (s. S. 28-30) provozieren oft witzigen und originellen Inhalt. Sie können sich das zunutze machen. Setzen Sie einen Schüttelreim ans Ende Ihres Gedichts, als Pointe sozusagen. Oder benutzen Sie ihn in einem längeren Gedicht hin und wieder. Damit fesseln Sie die Aufmerksam-

Wenn Sie Ihr Gedicht vortragen, ergibt sich bei den Zuhörern eine bestimmte Erwartungshaltung. Fangen Sie ernst an, werden sie vermuten, dass es auch ernsthaft weitergeht. Beginnen Sie im Stil einer Büttenrede, erwarten die Zuhörer, dass noch mehr Witze kommen.

Kreativ-Tipp: Haben Sie einen witzigen Doppelreim gefunden? Setzen Sie ihn gezielt ein – gegen die Erwartungshaltung der Zuhörer. Haben Sie ein gutes Gefühl für Rhythmus? Dann können Sie den bewussten Wechsel im Rhythmus als Überraschungseffekt nutzen.

keit Ihrer Zuhörer. Als Refrain eines originell witzigen Gedichts ist der Schüttelreim unübertroffen!

Auch wenn Sie Ihre Verse, meinem Vorschlag folgend, durch eine Frage auflockern, können Sie dies für überraschende Wendungen nutzen. Variieren Sie die Frage, die Sie durchaus ernsthaft gestellt haben, indem Sie sie zwischendurch umgangssprachlich salopp abwandeln.

Als Beispiel hier die Variante der Frage von S. 66:

> Tja, woran mag es liegen,
> dass die zwei sich kriegen?

Aber eine witzige Pointe, wie bekomme ich die denn hin?

Witz kann ganz einfach durch die Elemente Übertreibung oder Untertreibung entstehen. Benutzen Sie dazu Vergrößerungsformen wie *Riesen-* und *Super-*, *Mega* und *Magnum* oder Verkleinerungsformen wie *chen* und *lein* oder *mini*. Kombinieren Sie Unerwartetes.

Verwenden Sie Wortspiele. Oder abwegige Reime wie *erweicheln* auf *schmeicheln*.

Zum Witz gehört auch die Pointe. Und das Wesen der Pointe sind Zuspitzung und Überraschung. Die Übertreibung wird – entgegen der Erwartungshaltung der Zuhörer – auf die Spitze getrieben.

Als Pointe gilt auch die Quintessenz, auf die der Inhalt hinausläuft:

> Mit jedem Tag, da wirst du älter,
> und damit kein Tag ein vergällter,
> musst du oft lachen, oft dich freuen.
> Denn Missmut wirst du bald bereuen.
> Wer oft sich ärgert, kriegt auch Falten,
> gehört viel schneller zu den Alten.
> Und sind nicht besser alle Runzeln,
> die du erreichst durch vieles Schmunzeln?

Das Hochzeitsgedicht auf S. 85/86 arbeitet mit diesen Mitteln.

Welch eine Untertreibung, von *Messerchentrick* zu sprechen, wenn es darum geht, sich die *Ferse abzuhacken*, die Zehen nicht zu Stümpfen, sondern zu *Stümpfchen*. Und welche

Übertreibung, wenn vom *Beilchen* die Rede ist, das der Mann nicht benutzt. Und zwar nur, weil er *eher schlapp* ist und *kein Blut sehen kann.*

Kein Zuhörer wird erwarten, dass auch der Schuh des Bräutigams daraufhin geprüft wird, ob er der rechte Bräutigam ist.

Das Geburtstagsständchen auf S. 88/89 spielt mit der Erwartungshaltung der Zuhörer, nach dem Motto: Ich könnte erzählen, aber *leider, leider, leider* ...

Schlüpfen Sie in Ihrem Gedicht auch einmal in eine andere Gestalt. Sprechen Sie in der Ich-Form als Storch, Schmeichelhund oder Kampfkatze, Lieblingsfisch oder Allergie auslösende Blume.

Ein Beispiel dafür finden Sie auf S. 84.

Lassen Sie sich anregen:
Verse und Gedichte

*Ideenbörse, bunt gemischt,
hat manchmal schon den Geist erfrischt.*

Sie sind jetzt in der Lage, das Material Sprache zu gestalten. Sie können Verse und Gedichte machen, die Ihr Publikum erfreuen und unterhalten, die Ihnen Anerkennung und Beifall bringen. Doch ohne Impulse geht es manchmal einfach nicht. Die folgenden Beispiele wollen Sie anregen und auf viele gute und originelle Ideen bringen.

Kreativ-Tipp: Versuchen Sie auch einmal, eine Melodie für Ihr Gedicht zu finden.

Die Krönung des Vortrags ist das Lied. Darum zum Schluss ein Ständchen. Ich habe die Melodie zu meinem Text gesungen. Nachbar Peter hat mir die Noten mit Begleitung dazu notiert. Danke.

Eintragungen ins Gästebuch

Man kann doch manche Köstlichkeiten
ganz einfach östlich zubereiten.

Wir haben uns gut unterhalten,
zwischendurch auch heiß diskutiert.
Dazu habt ihr uns den kalten
Champagner mit Häppchen serviert.
Ein Abend, so rundum gelungen,
wird zum Dank in Versen besungen.

Es war bei euch so gemütlich.
Wir taten am Essen uns gütlich,
haben gescherzt und gelacht,
wären geblieben fast
länger als diese Nacht.
Wir waren so gern zu Gast.

E-Mails

 Obwohl wir uns erst grade sahn,
schick ich über die Datenbahn
mit jedem Klick von meiner Maus
dir einen lieben Gruß ins Haus.

 Dieser Kuss von mir – ich wett –
saust zu dir durchs Internet.

 Meine Liebe dick und fett
schick ich dir durchs Internet.

Glückwünsche zu runden Geburtstagen

 Ein Mensch wird älter, wenn er zehn,
möcht älter sein, im Leben stehn.
Kanns kaum erwarten, dass er zwanzig,
ein Frischling noch, noch weit von ranzig.
Das ändert schnell sich, wenn er dreißig.
Denn schon sind wir dabei ganz fleißig,
ihm nun zu sagen: Wenn er vierzig,
dass er wie alter Wein zwar würzig,
doch leider auf den besten Wegen,
mächtig an Alter zuzulegen.
Wirst du heut fünfzig Jahre alt,
da ruf ich laut, sehr laut nur: Halt!
Ein Mann wie du – mit soviel Schwung –
wird heute fünfzig Jahre jung.

Du feierst gern und nicht zu knapp
im Zehnerpack die Jahre ab.
Dreißig. Vierzig. Dann verwundert:
Was – die Hälfte schon bis Hundert?

Und weiter gehts im Sauseschritt.
Das Haar wird grau, im Ohre dichter.
Auch die Figur hält nicht mehr mit.
Und ist das Hinterhaupt erst lichter,

dann bist du auch nicht mehr so fit.
Du trinkst vermehrt Gesundheitsteechen,
hast ab und an auch ein Wehwehchen.
Es zwickt und zwackt in deinen Knochen.
Kaum etwas bringt dein Blut zum Kochen.

Doch ungebrochen sei dein Mut!
Es lebt sich auch im Alter gut.
Da hast du Zeit, mit Glück auch Enkel.
Kein Chef geht dir mehr auf den Senkel.

Hast du auch Geld, dann kannst du reisen
und damit aller Welt beweisen:
Du hast die Lebenslust der Jungen
und außerdem – Erinnerungen.

Es war ja dein Wunsch,
wir sollten nichts schenken.
Da blieb nur noch eins:
Dichten und Denken.

Lässt du wegen 60
den Kopf wirklich hängen,
wo alle sich doch
nach dem Altwerden drängen?
Und wenn wir aufs Alter
ein Loblieb jetzt sängen,
zögst du einen Flunsch?

Lässt du wegen 60
den Spaß dir verderben?
Siehst du dein Leben
denn jetzt schon in Scherben?
Dann lass dir gesagt sein,
das freut nur die Erben.
Drum zieh keinen Flunsch.

Bist du wegen 60
nicht mehr so voll Lust?
Vielleicht weil du zu viel
Golf spielen musst?
Dann lass dir gesagt sein:
Es gibt sich der Frust.

Bist du wegen 60
gar nicht gut drauf,
kommen die Gäste
trotzdem zuhauf,
wünschen dir alle:
Sei lang noch wohlauf.

Lass doch wegen 60
die Fünfe gerad sein.
Glückliche Stunden
kann du doch gebrauchen,
und selbst das Golfspiel
wird bald nicht sehr schlauchen.

Nimm doch die 60
ruhig in Kauf.
Sie ist unabwendbar
im Lebenslauf.

Lässt du wegen 60
die Flügel hängen,
dann lass dir gesagt sein:
Das Leben hat Längen.
Es befreit erst die 70
Von 60-er Zwängen.
So zieh keinen Flunsch!
Lach bei dem Wunsch!
Du sollest bedenken:
Wer dich herzlich lieb hat,
der will dir was schenken.

Sonett
Zum achtzigsten Geburtstag

Heut, liebe Gertrud, wirst du achtzig.
Ein langes und erfülltes Leben
wird längst nicht jedem Mensch gegeben,
und wer dich lieb hat, nun, der macht sich

Gedanken. Denn vielleicht ja lacht sich
ein Mensch wie du, so hoch betagt,
ob allem, was uns Jüngre plagt,
ins Fäustchen, weil Humor entfacht sich.

All das, was Kummer einst bereitet,
ob alles ging nach Wunsch und Willen,
ob man des Zipfels Glück konnt fassen,

ob man geliebt wurd, man sich streitet,
ob man konnt seinen Ehrgeiz stillen –
mit achtzig siehst du es gelassen.

Ehrungen

 Den Doktorgrad an der TH
gibts überhaupt erst hundert Jahr,
und nicht in Aachen, nein, Berlin,
ward er das erstemal verliehn.
Der Doktorgrad birgt auch Gefahr,
und wer ihn trägt, sollt sich bequemen,
zu hüten sich vor zwei Extremen:
Doktor Allwissend und auch – ja –
dem Doktor ignorantia.
Mit dem h. c. hast du gut lachen.
Ich musst den Doktor selber machen.
Was du geschöpft in Stahl und Eisen,
musst ich mit einer Diss. beweisen.
Doch weiß ich ja – was macht das schon –,
ich steh in langer Tradition.
Den Doktorgrad – dass er heut wert,
verliehn zu werden, und dich ehrt –
hast Doktoranden zu verdanken
die ganz in ein Problem versanken.
Doch halt:
Auch von Geschwistern, Schwägerinnen
gibt's einen Doktor zu gewinnen,
für treue Fürsorg, Lieb und Rat,
für Hilfe auch und gute Tat.
Bringt es an Ehren auch nicht viel:
amoris causa sei dein Ziel.

Hochzeit

Storchenbotschaft
Der Vortragende tritt als Storch verkleidet auf.

 Bevor die Ehe wird begossen,
kommt schon zu euch der Klapperstorch.
Ich muss ein wicht'ges Wort euch sagen.
Drum seid mal still. Jetzt heißt es – horch!
Wer Ehefreuden hat beschlossen,
sollt auch ein bisschen mehr noch wagen.

Als Klapperstorch muss ich euch rügen.
Denn einzig nur das Kinderkriegen
ist ja der Ehe Ziel und Zweck.
So dräng ich, ihr müsst Babys wiegen.
Zwar mancher meint, es geb Vergnügen
ganz ohne sie – doch das ist keck.

Na schön, ihr könnt ein Konto haben
und an der Börse Aktien kaufen
und euch jetzt teilen die Gebühren,
und nackend durch die Wohnung laufen,
sogar an Sekt und Kaviar laben
und euch im Cabrio verführen.

Doch lasst den Storch umsonst ihr klappen,
dann müsst ihr Einsamkeit verschmerzen,
auch Kinderlieb und großes Glück.
Dann könnt ihr keine Babys herzen.
Drum lasst mich nicht umsonst hier klappen.
Lasst andre in die Falle tappen.
Flieg ich davon – gibt's kein Zurück.

Märchenhochzeit

 Das Wichtigste an der Braut ist der Schuh.
Das lehren uns Märchen und Sagen.
Ob silbern, ob golden, ob zertanzt, ob aus Glas –
der Schuh ist Zeichen fürs rechte Maß.
Am Schuh erkennt der Mann mit Verstand,
wo sich die rechte Braut befand.
Greift die Frau, kurz entschlossen, zum Messerchentrick,
sieht übel es aus mit des Manns Geschick.
Doch nutzlos, dass Frauen – den Prinz im Visier –
sich ohne zu zögern aus falscher Gier
die Ferse abhacken, die Zehen zu Stümpfchen,
nur mühsam kaschiert durch seidene Strümpfchen.
Blut im Schuh verrät in finnigem Reim:
Die rechte Braut sitzt noch daheim.
Es ist die Magie wohl des weiblichen Fußes
und deshalb auch Wert eines Hochzeitsgrußes.
Und niemand hat Angst, dass der Schuh ihn mal narrt.
Auf Brautschuh wird oft auch in Pfennig gespart.
Im Schuh als Symbol sind die Zweifel versunken,
und perlender Sekt wird gern draus getrunken.

Das Wichtigste an der Braut ist der Schuh.
Das geben wir offen und ehrlich zu.
Der Schuh, der hält uns alle in Bann.
Er allein zeigt uns, wie wählte der Mann.
Das Wichtigste an der Braut ist der Schuh.
Er darf nicht zu klein sein an Fersen und Spitzen.
Der Schuh, der muss passen, der Schuh, der muss sitzen.
Drum seht untern Tisch, schaut die Brautschuhe an!
Der Schuh allein zeigt, wie wählte der Mann.
        Ruckedigu, ruckedigu,
        kein Blut ist im Schuh.
        Was alle wünschten wir und hoffen:
        Er hat die rechte Wahl getroffen.

Der Bräutigamsschuh zieht keinen in Bann.
Diesen Schuh, das ist wahr, zieht niemand sich an.
Erwartet die Braut nicht ein schweres Los,
ist der Bräutigamsschuh nur ein Schitzchen zu groß?
Und kommt er wohl gar mit der Ferse nicht rein,
ist das Glück für die Braut dann wohl eher nur klein?
Sitzt der Schuh, weil er neu, nur ein bisschen zu stramm,
wär gar besser ein andrer der Bräutigam?
Weder Zehen noch Ferse schnitt ein Mann sich je ab.
Er kann ja kein Blut sehen, ist eher schlapp.
Hat ein Mann denn je zum Messer gegriffen?
Sich mit dem Beilchen die Ferse geschliffen?
Männerfuß aufs rechte Brautmaß zugeschnitten?
Um die Braut wohl gar blutigen Schmerz gelitten?
Wo die Frau kurz entschlossen zum Hackebeil griff,
da zögert er gern mit dem üblen Schliff.
Versucht seine Feigheit mit Scherzen zu würzen
und greift, statt sich Zehen und Ferse zu kürzen,
zur Philosophie und bewahrt seine Ruh:
Wenn einer schneidet, dann bist das du.

Dennoch sag ich euch allen, nachdrücklich und laut:
Der Schuh allein zeigt, wie wählte die Braut.
Drum seht untern Tisch, schaut den Bräut'gamsschuh an!
Der Schuh allein zeigt, ob's der richtige Mann.
          Ruckedigu, ruckedigu,
          kein Blut ist im Schuh.
          Was alle wünschten wir und hoffen:
          Sie hat die rechte Wahl getroffen.

Silberhochzeit

Silberner Hochzeitsschimmer

Ein Vierteljahrhundert heut – silbriger Schimmer,
silbernes Kränzchen und silberner Glimmer!
Es ist lange her, seit ihr euch gefunden
und mit dem Ja-Wort fürs Leben verbunden.
Der Schimmer damals, der war ja noch grün
wie die Hoffnung auf euer sehr stetes Bemühn.
Nicht immer war alles dann Honigschlecken.
Das Leben hat eben Kanten und Ecken.
Doch der eine stand für den anderen ein.
Gabs wirklich mal Sorgen, trugt ihr sie zu zwein.
So gab es viel heitre, manch dunklere Stunden.
Doch Schwierigkeiten habt ihr überwunden.
Auch Kinder großziehn, das erforderte Mut
mehr noch als Geld. Sie gerieten euch gut.
Ihr gabt ihnen Liebe, Geborgenheit,
den Sinn für Familie, und das war gescheit.
Auch das noch zu sagen ist wahr, nicht sublim:
Ihr habt es geschafft als ein gutes Team.
Wer mit euch heut feiert, ist glücklich und froh,
ruft munter euch zu: Nur weiter so!
Winkt in der Ferne doch goldener Schimmer:
Erst 50 Jahre – das heißt für immer!

Ständchen

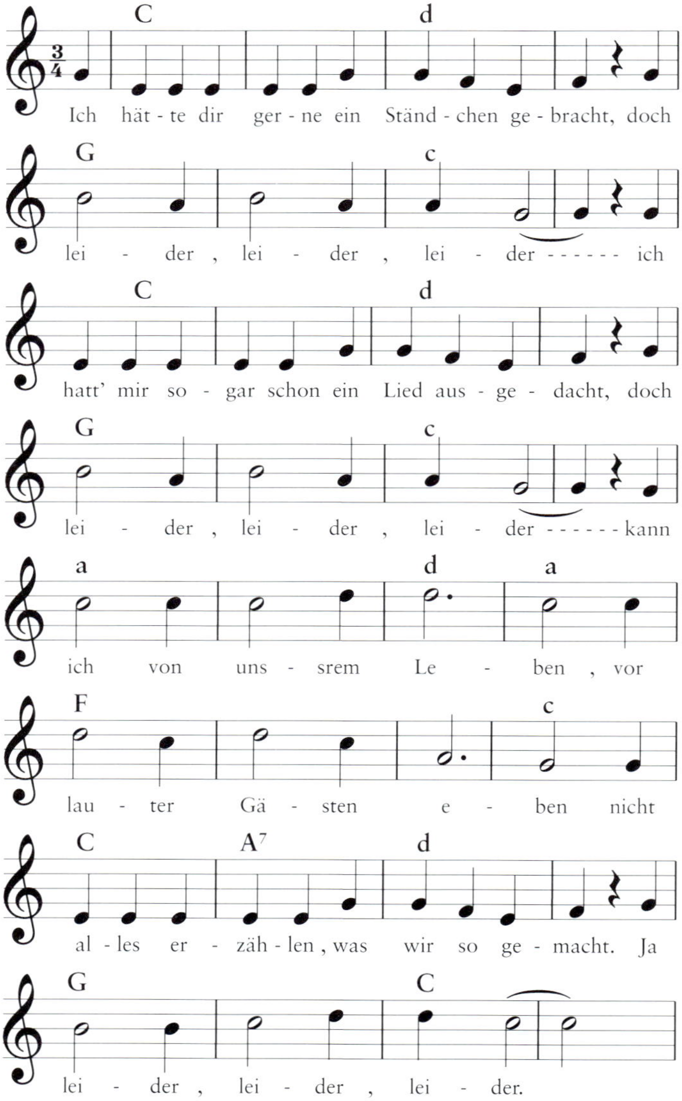

Ich hät-te dir ger-ne ein Ständ-chen ge-bracht, doch

lei - der , lei - der , lei - der ----- ich

hatt' mir so - gar schon ein Lied aus-ge-dacht, doch

lei - der , lei - der , lei - der ----- kann

ich von uns - srem Le - ben , vor

lau - ter Gä - sten e - ben nicht

al - les er - zäh - len , was wir so ge - macht. Ja

lei - der , lei - der , lei - der.

Ich denke so gerne an manche Tag',
doch leider, leider, leider –
sind es die voll Wonne, nicht die voll Plag',
drum leider, leider, leider,
kann ich von unsrem Leben
vor lauter Gästen eben
nicht alles erzählen, was wir so gemacht.
Ja, leider, leider, leider.

Ich denke auch gerne an manche Nacht
doch leider, leider, leider –
haben wir sie nicht nur schlafend zugebracht,
drum leider, leider, leider,
kann ich von unsrem Leben
vor lauter Gästen eben
nicht alles erzählen, was wir so gemacht.
Ja, leider, leider, leider.

Muttertag

Shakespeare-Sonett

Ein Blumenstrauß, dachten wir, wäre nett,
um deiner zu gedenken.
Doch lieber noch wollten wir ein Sonett
zum Muttertag dir schenken.

Klar hast du auch über uns oft gestöhnt,
wie's jede Mutter tut.
Doch meistens, da hast du uns sehr verwöhnt.
Es liegt dir wohl im Blut.

Du warst immer da, hast uns zugehört,
wenn wir erzählen wollten,
du hast unsre Wunden sehr lieb beschwört,
auf dass sie heilen sollten.

So sagen wir Danke für all dein Vertrauen,
für Liebe und Sicherheit, auf die wir bauen.

Mutti, liebstes Muttilein!
Oh, bestimmt wirst du verzeihn,
was ich heut zu beichten habe.
Sieh doch bloß die hübsche Gabe!
Hab aus Nachbars dunklem Garten,
auch wenn es mich sehr gegraust,
nachts den Fliederzweig gemaust.
Denn ich wollte den aparten
Strauß zum Muttertag dir bringen
und dir gleich ein Loblied singen:
Nicht nur heut, bei diesem Feste,
bist du, Muttilein, die beste.

Weihnachten

Verschicken Sie doch mal statt der Ansichtskarte ein Weihnachtsgedicht!

Kette von Lichtern
um den Baum der Nacht
als ein Geschmeide fest geschlungen.
An jeder Tanne glänzt ein Lächeln sacht,
hat irgendwo ein Kind gesungen.

Lieder zum Christfest
sind der Freude Fracht,
in dieses Baumes Glanz gezwungen.
Hoch in der Spitze
hält ein Engel Wacht,
doch seine Lippe ist gesprungen.

Der Kaktus-Wunsch

Shakespeare-Sonett

Es klagt ein Kaktus stachlig grün:
»Warum kann ich trotz aller Müh'n,
selbst wenn der Wunsch wirkt reichlich kühn,
denn nicht wie eine Rose blühn?

Ja, wär mein Blatt geformt als Herz,
würd jede Frau, bereit zum Schmusen,
der meine Stacheln brächten Schmerz,
mich drücken an den zarten Busen.

Ja, wär statt grün ich rot wie Blut,
würd, ohne lang sich zu bedenken,
ein Mann in seiner Liebesglut
mich gleich zu Dutzenden verschenken.«

Dein Wunsch, oh Kaktus, ist ein Witz!
Heißt Kaktus sein nicht – grün und spitz?

Reimlexikon

 Der richtige Reim, der stimmt dich heiter.
Denn er bringt dich beim Dichten weiter.

Die Suchwörter und Reimwörter sind alphabetisch geordnet.
Die Vokale der reimenden Stammsilben finden Sie in folgender Reihenfolge:
a kurz – a lang – ä kurz – ä lang – e kurz – e lang – i kurz – i lang – o kurz – o lang – ö
kurz – ö lang – u kurz – u lang – ü kurz – ü lang – au – ei/ai – eu/äu.
Dabei kommen zuerst Such- und Reimwörter mit langem, dann mit kurzem Vokal.
Denken Sie daran:
Diese Umlaute sind immer lang: au – ai – ei – eu – äu
Lang sind: ie – aa – ee – oo – uu
Lang sind auch Vokale mit Dehnungs-h: ah – äh – eh – ieh – oh – öh – uh – üh
Stumpfe und klingende Reime: Reimwörter *ohne* und *mit* Endung (s. S. 24).
Bei den Reimwörtern ist die grammatische Funktion berücksichtigt. Sie finden erst Substantive, dann Verben, dann Adjektive, dann alle übrigen. Gibt es ein Wort als Substantiv und Verb, wird es zweimal genannt.
Bietet sich ein geläufiges fremdsprachiges Wort als Reim an, kommt es zum Schluss,
siehe: Bär, S. 98
Wenns gar nicht klappt, können Sie auch Wörter mit klangähnlichen Vokalen aufeinander reimen:
i kurz + ü kurz, i lang, ie + ü lang, e + ö, e + ä, ö + ä, ei + eu.

Suchwort	Substantive / Verben, Verbformen / Adjektive / übrige
a (kurz)	
ab	Happ / schnapp / knapp, schlapp
acht	Anbedacht, Betracht, Fracht, Jacht, Macht, Nacht, Schlacht, Tracht / gebracht, entfacht, gelacht, lacht, macht, verbracht, verkracht, zugebracht/ sacht
achten	Frachten / bedachten, lachten, krachten, machten, trachten, verfrachten / sachten
achtzig	macht sich, lacht sich
Affen	Laffen / abschlaffen, begaffen, raffen, schaffen / laffen, schlaffen, taffen (toughen)
allen	Ballen, Fallen, Gefallen, Wohlgefallen / ballen, gefallen, knallen, hallen
Alter	Falter, Spalter, Walter / hallt er, prallt er / kalt er / bald er
an	Bann, Mann, Supermann, Spann, Tann / kann, sann / ran, heran / Fun (engl.)
anbandeln	Mandeln / behandeln, handeln, verhandeln, verschandeln
angefangen	Bangen, Rangen, Spangen / bangen, klangen, prangen, sangen, sprangen, vergangen / langen
alt	Spalt, Wald / ballt, fallt, hallt, schallt / kalt
Bach	Dach, Fach, Krach, Rach', Sach', Schach / lach, mach / flach
bald	Spalt, Wald / fallt, hallt / kalt / halt
Band	Elefant, Hand, Land, Pfand, Sand, Schand', Tand, Wand / band, bekannt, verkannt, verwandt / bemannt, brisant, elegant
Bank	Dank, Schrank, Schwank, Tank, Trank, Zank / sank, stank, trank / blank, krank, rank, schlank / frank
Banken	Gedanken, Kranken / danken, ranken, stanken, schwanken, tranken, wanken, zanken / blanken, kranken, schlanken
Bann	s. an
Batzen	Fatzen, Katzen, Spatzen, Tatzen / matzen, schmatzen
Bekannten	Kanten, Spanten, Verwandten / bemannten, rannten, spannten, versandten
bimbam	Damm, Kamm, Lamm, Stamm, Tamtam / klamm, stramm
blank	s. Bank
blass	Fass, Hass / lass, krass, nass
blasse	Masse, Kasse, Rasse / lasse, krasse, nasse
Blatt	Stadt, Statt, Watt / hat / glatt, matt, satt / statt, wat (plattdeutsch: was)
brachte	achte, entfachte, krachte,

	lachte / sachte / achte (8)		pappen, schnappen, tappen,
Bräutigam	Damm, Lamm, Tamtam /		zappen
	ramm / stramm / some	Hass	s. blass
	(engl.), Femme (frz.)	hat	s. Blatt
brisant	s. Band	heran	s. an
charmant	s. Band	Herzenskraft	s. Kraft
Damm	s. bimbam	Kamm	s. bimbam
Dank	s. Bank	kann	s. an
danken	s. Banken	Kanten	s. Bekannten
Elefant	s. Band	karg	Quark, Sarg / barg / stark
elegant	s. Band	Katz	s. Fatz
Falter	s. Alter	Katze	Fratze, Satze, Tatze / hatt' se
Fatz	Hatz, Katz, Matz, Platz,	Katzen	s. Batzen, Tatzen
	Satz, Schatz, Spatz / ritzeratz	kann	s. an
Faxen	Achsen, Haxen, Lachsen /	klamm	s. bimbam
	wachsen / laxen	klappen	s. Happen
Flasche	Masche, Tasche / hasche/	klappern	knappern, tappern
	lasche, rasche	knabbern	sabbern, schlabbern
Fun	s. an	knapp	s. ab
ganz/Gans	Brisanz, Firlefanz, Franz,	Kollaps	Happs, Schnaps, Klaps,
	Glanz, Hans, Kranz, Manns,		Raps, Straps, Taps
	Schanz', Schwanz, Tanz /	Kraft	Apfelsaft, Haft, Saft, Taft,
	kann's, tanz / wann's		Zitronensaft / abschlafft,
Gedanken	s. Banken		gafft, klafft, rafft, schafft
gefallen	s. allen	krank	s. Bank
Gegenwart	Bart, Fahrt / fahrt, gart,	Kranz	s. ganz
	karrt, spart, ward / hart,	lachen	Herzenssachen, Lachen,
	smart		Sachen / entfachen, krachen,
gemacht	s. acht		machen, wachen
Gesang	Gang, Klang, Rang / fang /	lacht	s. acht
	bang, lang	lachte	s. brachte
Glanz	s. ganz	lachten	s. achten
glatt	s. Blatt	Laffen	s. Affen
halten	Alten, Falten, Spalten /	Lamm	s. bimbam
	ballten, galten, hallten,	lange	Gange, Geprange, Range,
	walten		Spange, Stange / bange,
handeln	s. anbandeln		fange / bange
Happen	Schlappen / klappen,	lasse	s. blasse

lassen	Kassen, Massen, Rassen / fassen, hassen, schassen / blassen
machen	s. lachen
macht	s. acht
Mann	s. an
Manne	Kanne, Panne, Pfanne, Spanne, Tanne / Hanne, Susanne
Matz	s. Fatz
Nacht	s. acht
Nachtigall	Ball, Fall, Hall, Schall, Wall
nasse	s. blasse
Panne	s. Manne
Phase	s. Base
ran	s. an
rannten	s. Bekannten
Romantik	Atlantik
sabbern	s. knabbern
Sache	Bache, Rache / entfache, lache, mache, wache / wache
Sachen	s. lachen
sacht	s. acht
Saft	s. Kraft
Satz	s. Fatz
Schach	s. Bach
schaffen	s. Affen
Schatz	s. Fatz
Schlacht	s. acht
schlank	s. Bank
schnappen	s. Happen
Schnaps	s. Kollaps
Schwank	s. Bank
Stamm	s. bimbam
stark	s. karg
statt	s. hat
stramm	s. bimbam
Supermann	s. an

Tamtam	s. bimbam
Tanne	s. Manne
Tanten	s. Bekannten
Tanz	s. ganz
Tassen	Gassen, Kassen, Massen, Rassen / fassen, hassen, lassen
Tracht	s. acht
Trank	s. Bank
vergangen	s. angefangen
Verwandten	s. Bekannten
wachsen	s. Faxen
Wald	s. bald
walten	s. halten
zwanzig	Danzig / ranzig

a (lang)

aber	Gelaber, Traber
Ahnen	Fahnen / bahnen, mahnen, absahnen
Alarm	Arm, Charme, Darm, Farm, Harm / warm
Arm	s. Alarm
Bahn	Kahn, Plan, Span, Stundenplan, Wahn, Zahn / mahn', besahn, sahn
banal	Fanal, Mahl, Pfahl, Qual, Saal, Schal, Strahl, Tal, Wahl, Wal, Zahl / brutal, fahl, kahl, kolossal, minimal, schal, total / einmal, mal
Bart	Gegenwart / gespart, spart, vernarrt / hart, zart
Base	Gase, Gaze, Hase, Nase, Phase, Vase / rase
Blumengabe	Honigwabe, Küchenschabe, Rabe / habe, labe, trabe,

	schabe
Braten	Daten, Paten, Spaten, Taten / geraten, raten, waten
brav	Schaf, Schlaf / schlaf, traf / konkav
brutal	s. banal
Charme	s. Alarm
da	Trara / sah / bah, da, ja, traritrara, juppheida
Dame	Same / infame, lahme
Damen	Rahmen, Samen / bekamen, kamen / infamen, lahmen
Daten	s. Braten
egal	Regal / bezahl / fatal, normal, stinknormal
Examen	s. Damen
Fahrt	s. Bart
Fanal	s. banal
Fragen	Blagen, Klagen, Kragen, Lagen, Magen, Plagen, Tagen, Wagen / besagen, klagen, plagen, ragen, sagen, tragen, wagen
Fraß/fraß	Fraß, Gas, Gras, Has', Maß, Nas', Spaß / las, saß
Gabe	s. Blumengabe
Gas	s. Fraß
gespart	s. Bart
Gras	s. Fraß
Haar	Schar / fahr / bar, wahr / gar
Haare	Bahre, Jahre, Ware / bewahre, fahre, wahre / klare
habe	s. Blumengabe
haben	Knaben, Raben, Schaben / laben, schaben, traben
hart	s. Bart
Has	s. Fraß

Hase	s. Base
Hasi	quasi
hat	s. Blatt
Jahr	Paar, Schar / spar / gar, wahr, wunderbar
Jahre	Bahre, Haare, Stare / bewahre, fahre, wahre / klare, wahre
Jahren	Scharen / wahren, waren
juppheida	s. da
kahl	s. banal
Kahn	s. Bahn
kam	Rahm, Scham / benahm, nahm / infam, lahm
Klagen	s. Fragen
Knaben	s. haben
kolossal	s.banal
Magen	s. Fragen
Mahl	s. banal
minimal	s. banal
nah	s. da
Nase	s. Base
normal	s. egal
Paar	s. Jahr
Paten	s. Braten
Plagen	s. Fragen
Plan	s. Bahn
Qual	s. banal
quasi	Hasi, Stasi
Stundenplan	s. Bahn
Raben	s. haben
Rahmen	s. Damen
raten	s. Paten
Saal	s. banal
sagen	s. Fragen
Same	s. Dame
Samen	s. Damen
Scham	s. kam

Schwabe	Gabe, Rabe / habe, labe
sozusagen	s. sagen
Strahl	s. Saal
Tafel	Geschwafel
Tag	Waag' / klag, sag, wag
Tage	Frage, Klage, Plage / klage, plage, rage, sage, trage
Tagen	s. Fragen
Tal	s.banal
Taten	s. Braten
total	s. banal
traritrara	s. da
Vater	Mater, Pater, Theater
vernarrt	s. Bart
Wahl	s. banal
Wahn	s. Bahn
warm	s. Alarm
wunderbar	Jahr / spar / wahr / gar
Zahl	s. banal
Zahn	s. Bahn
zart	s. Bart

ä (kurz)

ätzen	schätzen, schwätzen, über- schätzen, unterschätzen, vergrätzen, verschätzen
Anapäst	lässt
ansässig	gehässig, lässig, unzulässig, zuverlässig
Bände	Brände, Gelände, Hände / fände
Bässe	Aderlässe, Blässe, Nässe
Bedrängnis	Gefängnis
beschäftigt	bekräftigt
Blässe	s. Bässe
blässlich	grässlich, hässlich, lässlich, unerlässlich, unpässlich, verlässlich

drängen	Fängen, Klängen, Längen, Rängen, Zwängen / drängen, hängen, klängen, sängen
fächeln	anlächeln, belächeln, lächeln
fähig	mäh' ich, säh ich
Fälle	Bälle, Wälle
fällt	hält
fände	s. Bände
Fängen	drängen
fängst	sängst, tränkst, zwängst
Gänschen	Hänschen, Schwänzchen, Tänzchen
hält	fällt
hältst	fällst, wälzt
Hände	s. Bände
hängen	s. drängen
Kätzchen	Mätzchen, Schätzchen
kräftig	geschäftig
kränken	ertränken, tränken
lächeln	s. fächeln
Längen	s. drängen
prächtig	schmächtig, trächtig, verdächtig
Ränke	Bänke, Schwänke / kränke, sänke, tränke
schätzen	s. ätzen
Schätzchen	s. Kätzchen
schwänzeln	tänzeln
schwätzen	s. ätzen
tänzeln	schwänzeln
überschätzen	s. ätzen
unterschätzen	s. ätzen
vergrätzen	s. ätzen
Zwängen	s. Fängen

ä (lang)

Äther	Attentäter, Hochkaräter, Missetäter, Täter, Sanitäter, Väter, Übeltäter, Verräter / bläht' er, mäht er / später
Bär	wär / fair / Hair
Häme	käme, nähme, schäme, zähme
kämen	lähmen, nähmen, schämen, zähmen
lähmen	s. kämen
Mähne	Kähne, Schwäne, Späne, Träne, Zähne / erwähne, wähne
Missetäter	s. Äther
nähmen	s. kämen
Sanitäter	s. Äther
schämen	s. kämen
später	s. Äther
Täter	s. Äther
Träne	s. Mähne
Väter	s. Äther
Verräter	s. Äther
wär	s. Bär
Zähne	s. Mähne

e (kurz)

abspecken	Ecken, Honigschlecken, Recken, Zecken / aushecken, bezwecken, checken, lecken, necken, recken, schlecken, strecken, trekken, verdrecken, verstecken, wecken / kecken
adrett	Internet / rett', wett' / fett, kokett, nett
anstrengen	Mengen / mengen, sengen, sprengen / engen, strengen

aushecken	s. abspecken
beenden	Lenden, Spenden / senden, spenden, wenden
Bett	s. adrett
Betten	Ketten / betten, retten, wetten / koketten, netten
bezwecken	s. abspecken
Delle	Felle, Helle, Kelle, Stelle, Welle / belle, bestelle, stelle / helle / gelle
denken	lenken, schenken, senken, verrenken
denkst	lenkst, mengst, schenkst, senkst, verrenkst, versenkst
Donnerwetter	s. Retter
Dreck	Geck, Leck, Scheck, Schreck, Speck, Versteck, Zweck / bezweck, check, heck, leck, neck / keck / weg
Ecken	s. abspecken
ehrt	Pferd, Wert / begehrt, lehrt, schert / wert
Elfe	helfe
Ende	Lende, Spende, Wende / verschwende, sende, spende, wende / behände
enden	s. beenden
Enkel	Henkel, Senkel, Schenkel, Sprenkel
entdeckt	bezweckt, neckt, steckt, verreckt, geleckt, geneckt, gesteckt
Erde	Herde, Pferde / werde / merde (frz.)
Erden	Herden, Pferden / werden
Feld	Geld, Held, Welt / bellt, stellt
Felle	Delle

fern	Herrn, Stern / gern
Ferne	Herne, Kerne, Sterne / gerne
Fest	Rest, Test
Feste	Reste / teste, beste
fett	s. Bett
Fresse	Hesse, Messe / kesse
Geck	s. Dreck
gelb	Elb
gelbe	Elbe / dasselbe, dieselbe, derselbe
Geld	s. Feld
gern	s. fern
Hecht	Specht / fecht' / gerecht
Held	s. Feld
Herbst	erbst, gerbst
Herzen	Geburtstagskerzen, Kerzen, Nerzen / ausmerzen, schmerzen, verschmerzen
Hex'	Becks, Klecks, Rex / check's, neck's / sechs
Honigschlecken	s. abspecken
Internet	s. Bett
jetzt	gehetzt, setzt, vernetzt / zuletzt
keck	s. Dreck
kecken	s. abspecken
Kerzen	s. Herzen
kesse	s. Fresse
Klecks	s. Hex'
kokett	s. Bett
Leck	s. Dreck
Lenz	Benz
Mengen	s. anstrengen
Messe	s. Fresse
necken	s. abspecken
Nelken	welken
nett	s. fett
paletti	Spaghetti

Pferde	s. Erde
Recken	s. abspecken
Retter	Donnerwetter, Retter, Setter, Vetter, Wetter / fetter, netter / hätt' er / better, Liebesletter
schenken	gedenken, lenken
schlecken	s. abspecken
schmecken	s. abspecken
sechs	s. Hex'
sechzig	rächt sich, schwächt sich
setzen	hetzen, verpetzen, wetzen
Spaghetti	paletti
Speck	s. Dreck
Stern	s. fern
Sterne	s. Ferne
strecken	s. abspecken
Stress	kess
vernetzen	setzen, besetzen, versetzen
verpetzen	s. setzen, besetzen, versetzen
Versteck	s. Dreck
Vetter	s. Retter
weg	s. Dreck
Welt	s. Geld
werden	s. Erden
Wert	s. ehrt
Wetter	s. Vetter
Zecken	s. abspecken
Zweck	s. Dreck

e (lang)

Beben	Bestreben, Leben, Reben / beben, beleben, geben, gegeben, leben, schweben, vergeben / eben, daneben
begehen	Feen, Lehen, Rehen / drehen, gehen, sehen,

	stehen, bestehen, vergehen, verstehen, wehen
Bestreben	s. Beben
daneben	s. Beben
Ehe	Zehe / drehe, gehe, sehe, stehe / wehe
Ehefrau	Bau, Sau, Schau / schau, trau / genau, lau, rau
Ehemann	kann / dran, wann / wehe dann
ehren	Heeren, Lehren / begehren, mehren, verwehren
erledigen	predigen
erled'gen	Medien / pred'gen
Essen/essen	Hessen, Messen / besessen, gesessen, vergessen / kessen / dessen, wessen
Fee	Dreh, Pulverschnee, Reh, Schnee, Tee, Weh / geh, steh/ o weh, heh
Frau	s. Ehefrau
geben	s. Beben
gehen	s. begehen
Gesundheitsteechen	Orchideechen, Rehchen, Wehwehchen
lau	s. Ehefrau
Leben, leben	s. Beben
ledig	Venedig
Medien	s. erled'gen
mehr	Gewehr, Speer, Wehr / wehr / mehr, quer, schwer, sehr, wer, her
nehmen	Problemen, Themen / bequemen
predigen	s. erledigen
Problemen	s. nehmen
Pulverschnee	s. Fee
quer	s. mehr

Reben	s. Beben
Rede	Gerede, Fehde / jede, stante pede
Reh	s. Fee
Schnee	s. Fee
Segen	Regen, Stegen / bewegen, pflegen, (sich) regen, verlegen, zulegen / von wegen, wegen, zugegen
Sehen	s. begehen
sehr	s. mehr
stehen	s. begehen
Thema	Schema
Themen	s. nehmen
vergeben	s. Beben
vergehen	s. begehen
verstehen	s. begehen
Weg	Steg / feg, leg, reg
Wege	Stege / fege, hege, lege
Wegen	s. Segen
Wehen	s. begehen
Wehwehchen	s. Gesundheitsteechen
zehn	flehn, gehn, sehn, stehn, wehn

i (kurz)

anstimmen	dimmen, glimmen
beschwipst	dippst, gibst, nippst, schippst
bin	Beginn, Gin, Kinn, *alle weiblichen Wörter auf –in*, Sinn, Zauberin / spinn / drin, hin, dahin, dorthin, wohin usw.
binden	Rinden / empfinden, finden, schwinden
Bindung	Erfindung
Bissen	Kissen, Nissen / beschissen,

	bissen, hingeschmissen, hissen, vermissen, wissen	Fritten	Sitten, Titten / mitten, ritten, unbestritten
Blitz	Fritz, Kitz, Litz', Ritz, Schitz, Witz / ritz / schwitz, spitz	Gesicht	s. bricht
		Gicht	s. bricht
		Gipfel	Kipfel, Zipfel
bricht	Gericht, Gesicht, Gicht, Licht, Pflicht, Sicht, Zuversicht / spricht, sticht / ficht, schlicht / nicht	Glimmer	Dimmer, Flimmer, Schimmer, Schwimmer, Trimmer, Zimmer / wimmer / schlimmer / immer, nimmer
bricht an	Bann / kann, sann, spann / man, dran / Fun (engl.)	Grimm	Stimm' / klimm, nimm, stimm / schlimm
bringen	Dingen, Ringen / dringen, fingen, gelingen, klingen, singen, springen	Grimme	s. Stimme
		hin	s. bin
		hingerissen	s. Bissen
bringt	dringt, gelingt, klingt, singt, springt	Hippe	Kippe, Lippe, Rippe, Sippe, Schippe, Stippe / dippe, nippe
dich	sprich / ich, mich, sich	immer	s. Glimmer
Dichter	Richter / bricht er, ficht er, spricht er / lichter	Kind	Rind, Spind, Wind / find, find't, sind / blind
Ding	Ring, Schmetterling / bring, fing, ging, kling, sing, spring / link	Kinder	Finder, Rinder, Schinder / blinder / nicht minder
Dingen	s. bringen	Kinn	s. bin
dippen	Lippen, Rippen, Schippen, Sippen, Stippen / kippen, nippen, schippen, stippen	Kissen	s. Bissen
		klingen	s. bringen
		knistern	s. lüstern
dippst	s. beschwipst	Licht	s. bricht
Doppelsinn	s. bin	Linden	Rinden / binden, finden
Eigensinn	s. bin	Lind'rung	Verhind'rung
empfinden	s. binden	Lippe	s. Hippe
Erfindung	s. Bindung	Lippen	s. dippen
finden	s. binden	mischen	s. fischen
Fischen	mischen, wischen / zwischen	Narzissen	hissen, wissen, bissen
		nicht	s. bricht
fit	Hit, Kitt, Ritt, Split / litt, ritt / mit, igitt	nippst	s. beschwipst
		Pflicht	s. bricht
flink	Drink / trink	Pinselohr	Winselchor
frisch	Tisch / misch	Rhythmen	widmen

Ring	s. Ding
Rippe	s. Hippe
Ritz	s. Blitz
Schimmer	s. Glimmer
schlicht	s. bricht
schlimmer	s. Glimmer
schrill	Drill, Dr. phil. / will / still, totenstill / hill (engl.)
Schuss	Bus, Fluss, Kuss, Nuss, Schluss, Verdruss
schwinden	s. binden
Sicht	s. bricht
sind	s. Kind
Sinn	s. hin
Sippe	s. Hippe
spitz	s. Blitz
sprich	glich / mich, dich, sich
spricht	s. bricht
still	s. schrill
Stimme	Grimme, Kimme / klimme, trimme / schlimme
Stimmen	s. anstimmen
Trick	Blick, Genick, Geschick / dick, schick / big (engl.)
trinken	Finken / blinken, sinken, stinken, winken
verbindet	erblindet, findet, schindet
Verbindung	s. Bindung
vierzig	würzig
Widersinn	s. bin
widmen	s. Rhythmen
Wind	s. Kind
Winter	spinnt er / hinter
Witz	s. Blitz
Zuversicht	s. bricht

i (lang)/ ie

Bambino	Cappuccino, Dino, Kasino, Kino, Vino
biegen	Intrigen, Riegen, Ziegen / kriegen, liegen, siegen, schwiegen, wiegen
Bienen	Mienen, Schienen / bedienen, dienen, erschienen, verdienen / ihnen
Bier	Gier, Stier, Tier / dir, mir, wir, hier, vier
bieten	Dolomiten, Leviten, Meriten, Nieten, Riten / brieten, knieten, verrieten
Brief	Mief / lief, rief, trief / schief / beef (engl.)
Cappuccino	s. Bambino
Cousine	Biene, Rubine, Miene, Schiene / diene
dienen	s. Bienen
dir	s. Bier
Energie	Fantasie, Knie, Melodie, Ski, Vieh / nie, die, sie, wie
Frieden	beschieden, geschieden / hienieden, mieden, sieden, vermieden
geblieben	Lieben / lieben, getrieben, rieben, stieben
Genie	Vieh / nie, sie, die, juppheidi
genießen	fließen, schießen
Genießer	Gießer
gratulieren	genieren, gieren
hier	s. Bier
ihm	Regime, Team / intim, legitim, sublim / beam (beamen)
interessiert	gebiert, verliert / zu viert
intim	s. ihm

Intrigen	s. biegen
juppheidi	s. Genie
Kasino	s. Bambino
Kino	s. Bambino
Knie	s. Energie
konfirmiert	doktoriert, gebiert, laboriert, serviert, studiert
kriegen	s. biegen
legitim	s. ihm
Liebe	Diebe, Hiebe, Siebe, Triebe / schiebe
Liebesbrief	s. Brief
Lied	Schiet / biet, geriet / Beat (engl.)
Lieder	Gefieder, Mieder / bieder / nieder
liederlich	widerlich
lief	s. Brief
liegen	s. biegen
Melodie	s. Energie
Mief	s. Brief
Miene	Biene
mies	Paradies / sieh's / fies / surprise (frz.)
miesen	Riesen / bewiesen, wiesen / fiesen
mir	s. Bier
Nieten	s. bieten
Paradies	s. mies
Regime	s. ihm
schief	s. Brief
schießen	s. genießen
serviert	s. konfirmiert
sie	s. Energie
siegen	s. biegen
Sieger	Flieger, Niger, Tiger, Schwieger-(mutter/vater)
Ski	s. Energie

Spiegel	Riegel, Siegel, Gütesiegel / Beagle
studiert	s. konfirmiert
sublim	s. ihm
Team	s. ihm
tigern	Fliegern, Siegern
verliert	s. interessiert, konfirmiert
Vino	s. Bambino
wiegen	s. biegen
Wiese	Biese, Brise, Liese, Riese / miese, fiese
wir	s. Bier

o (kurz)

allerorten	Sorten, Torten, Worten / shorten
Apoll	Babydoll, Groll, Moll, Soll, Zoll / soll / doll, toll, voll, liebevoll, voll
Boss	Genoss', Goss', Ross, Schloss, Tross / genoss, schoss
doppelt	gemoppelt, hoppelt
dort	Bord, Export, Hort, Lord, Mord, Ort, Sport, Tort / fort / short
Export	s. dort
fort	s. dort
gebrochen	gerochen, versprochen
Genosse	Bosse
Geschoss	s. Boss
Gold	Sold / sollt, tollt, wollt / hold
golden	holden
Hochzeit	Kochleid, Loch breit
hoffen	betroffen, soffen / offen
hoppelt	s. doppelt
horch	Storch, Klapperstorch
Hosenrolle	Holle, Kontrolle, Molle,

	Scholle, Tolle, Wolle / dolle, volle	**o (lang)**	
Klapperstorch	s. horch	Belohnung	Betonung, Klonung, Schonung, Wohnung
locker	Hocker, Rocker, Schocker, Stubenhocker	bloß	Hos', Los, Moos, Ros', Schoß / groß / los
Lord	s. dort	Bohlen	Fohlen, Kohlen, Sohlen / gestohlen, holen, verkohlen, versohlen
Moll	s. Apoll		
Mord	s. dort		
morgen	Sorgen / borgen	Bohnen	Positionen / belohnen, bewohnen, klonen, schonen, wohnen
Ort	s. dort		
Ross	s. Boss		
Schloss	s. Boss	Boot	Brot, Kot, Lot, Not, Pfot', Tod / rot, tot
soll	s. Apoll		
sollen	Grollen, Rollen, Schollen, vollen / grollen, rollen, tollen, wollen	Chor	Humor, Mohr, Moor, Ohr, Tor / vor
		froh	Paletot, Zoo / roh / so
		geboren	erkoren, verloren
Sommer	Pommer / frommer	Gloria	Allotria, Viktoria
sondern	Hypochondern	groß	s. bloß
Sonne	Wonne	holen	s. Bohlen
Sonnenschein	Wonnen mein / s. auch sein	Humor	s. Chor
		klonen	s. Bohnen
Sorgen	Morgen / borgen / morgen, übermorgen	loben	Koben, Roben / schoben, stoben, toben / oben
Sport	s. dort	Lohn	Bohn', Hohn, Mohn, Position, Sohn, Ton / wohn / schon
Storch	s. horch		
Tochter	focht er, mocht er		
toll	s. Apoll	lohnen	s. Bohnen
Torte	Orte, Pforte, Sorte, Worte	Los, los	s. bloß
verflossen	Flossen, Sprossen / gossen, sprossen, genossen	Moos	s. bloß
		nomen	Aromen / omen (lat.)
versprochen	s. gebrochen	Not	s. Boot
voll	s. soll	oben	s. loben
Wort	Bord, Hort, Mord / fort	Ohr	s. Chor
Worte	s. Torte	Oma	Aroma, Koma, Paloma, Roma
Worten	s. allerorten		
		Opa	Europa
		Positionen	s. Bohnen

Ros'	s. bloß	erbötig	nötig
rosa	Prosa	Föhre	s. Chöre
Rose	Chose, Moose / kose / lose	fröhlich	ölig
Rosen	kosen / losen, tosen	Getöse	s. böse
rot	s. Boot	gewöhnen	Möhnen, Söhnen, Tönen /
schonen	s. Bohnen		gewöhnen, löhnen, stöhnen,
Schonung	s. Belohnung		verhöhnen, versöhnen
Schoß	s. bloß	Göre	s. Chöre
Sohn	s. Lohn	hören	Gören, Möhren / schwören,
toben	s. oben		abschwören, betören, stören
Tod	s. Boot	Möhre	s. Chöre
Tor	Chor, Mohr, Moor / erkor,	Nöte	s. böte
	verlor / bevor, empor, vor	nötig	erbötig
Vogel	Kogel	Röhre	s. Chöre
wohlig	bedrohlich	schön	Föhn / dröhn, gewöhn,
wohnen	s. Bohnen		verhöhn
Wohnung	s. Schonung	Söhne	Möhne, Töne / gewöhne,
Zoo	s. froh		höhne, stöhne, stöhne,
			verhöhne, versöhne

ö (kurz)

gönnen	gerönnen, können,	Söhnen	s. gewöhnen
	gewönnen	Söhnlein	s. Böhnlein
können	s. gönnen	stören	s. hören
Nönnchen	Tönnchen	Tenöre	s. Chöre
Töchter	möcht er	Töne	s. Söhne
		Tönlein	s. Böhnlein
		töte	s. böte

ö (lang)

Böhnlein	Krönlein, Söhnlein, Tönlein	Tröte	s. böte
böse	Getöse, Gekröse, Möse /	verhöhnen	s. gewöhnen
	döse, erlöse	verwöhnen	s. gewöhnen
bösen	dösen, erlösen	zuhören	s. hören
böte	Flöte, Goethe, Nöte, Röte,		
	Tröte / löte, töte		
Chöre	Föhre, Göre, Möhre, Röhre,		
	Tenöre / betöre, höre,		
	schwöre		
dösen	s. bösen		
empört	gehört, schwört		

u (kurz)

August	Frust, Lust / musst / bewusst
brummen	summen / krummen
Brummer	Hummer, Kummer,
	Summer, Schlummer /
	krummer
Brust	Frust, Lust / bewusst, musst

Busch	Husch / husch, kuschkusch	munden	s. gefunden
Butter	Futter, Kutter, Mutter	munter	bunter, kunterbunter /
Duft	Gruft, Luft, Schuft / knufft,		drunter, herunter, runter,
	pufft		unter
dumm	Gesumm, Trumm / summ /	Mutter	s. Butter
	krumm	Nutzen	putzen, stutzen
dusselig	fusselig, schusselig	Punsch	s. Flunsch
Flunsch	Punsch, Wunsch	Puppe	s. Gruppe
Funzeln	Runzeln / runzeln,	putzen	s. Nutzen
	schmunzeln	Runde	Bunde, Kunde, Munde,
fusselig	s. dusselig		Pfunde, Stunde / gesunde,
gefunden	Hunden, Runden, Stunden /		runde
	munden, runden, verbunden	Runden	s. gefunden
	/ gesunden, runden	Runzeln	s. Funzeln
gesund	Grund, Hund, Mund,	Schlummer	s. Brummer
	Pfund, Schlund, Schund /	schmunzeln	s. Funzeln
	bunt, rund, wund / kund	schnuppe	s. Gruppe
Grund	s. gesund	schusselig	s. fusselig
Gruppe	Puppe / schnuppe	Schwung	s. jung
Gruppen	Puppen / fluppen	Stunde	s. Runde
gucken	Mucken, Tucken / rucken,	Stunden	s. gefunden
	spucken, zucken	summen	s. brummen
Hummer	s. Brummer	Tulpen	Nulpen
Hund	s. gesund	unter	s. munter
Hunden	s. gefunden	verbunden	s. gefunden
hundert	wundert, verwundert	Wunsch	s. Flunsch
jung	Sprung, Schwung	wuschelig	s. kuschelig
Junge	Lunge, Zunge		
Jungen	Erinnerungen, Lungen,	***u (lang)***	
	Zungen / erklungen,	beduseln	gruseln, wuseln
	gesprungen, gesungen	Blume	Ruhme, Krume
Kummer	s. Brummer	Bruder	Fuder, Luder, Ruder / kruder
kurz	Furz / schnurz	Bube	Grube, Stube, Tube
kuschelig	huschelig, wuschelig	Buchen	Kuchen / fluchen, suchen,
Kuss	Bus, Genuss, Schluss / muss		versuchen
Lust	s. Brust	du	Kuh, Ruh, Schuh / tu / buh,
lustig	musst ich, wusst ich		muh, puh
Mucken	s. gucken		

Dur	Flur, Kur, Natur, Ruhr, Spur / fuhr / pur, stur	Brüste	Küste, Lüste / küsste, müsste, rüste, wüsste
fluchen	s. Buchen	brüsten	Küsten, Lüsten / müssten, rüsten, wüssten
Geburt	Furt, Gurt / spurt / absurd	Bübchen	Grübchen, Modschegübchen (Marienkäfer), Rübchen, Stübchen
genug	Lug, Trug, Spuk, Zug / buk, trug / klug		
Grube	s. Bube	bürsten	Fürsten / dürsten
gruseln	s. beduseln	drücken	Mücken, Stücken / beglücken
Jubel	Double, Trubel		
Jugend	Tugend	dürfen	schlürfen
klug	s. genug	dürsten	s. bürsten
Kuchen	s. Buchen	entzückt	s. beglückt
Kur	s. Dur	flüssig	küss ich / überdrüssig, überflüssig, überschüssig
Luder	s. Bruder		
Natur	s. Dur	flüstern	Küstern /s. unten *lüstern*
pur	s. Dur	Frühling	Müh schwing
Ruhe	Schuhe, Truhe / tue	Gebrüll	Müll, Tüll / brüll, füll
schmusen	Blusen, Busen	gedrückt	s. beglückt
Schuh	s. du	Glück	Jück, Lück, Mück, Stück / bück, pflück, rück, zück / zurück
Spuk	s. genug		
Spur	s. Dur		
Stube	s. Bube	Glücke	s. Brücke
stur	s. Dur	glücklich	bück mich, rück dich
suchen	s. Buchen	Grübchen	s. Bübchen
Tube	s. Bube	Grütze	Mütze, Schütze / benütze, nütze, schütze
Tugend	s. Jugend		
Zug	s. genug	hüllen	brüllen, füllen
		Künste	Brünste, Dünste
ü (kurz)		Kürze	Fürze, Würze
beglückt	bedrückt, entzückt, geschmückt, verrückt, verzückt, zerdrückt	Kürzel	Bürzel, Schürzel
		Küsse	Genüsse, Güsse, Nüsse, Schlüsse, Schüsse / müsse
		küssen	Flüssen, Schüssen / müssen
Brücke	Krücke, Glücke, Lücke, Mücke, Stücke / beglücke, bestücke, drücke, pflücke, rücke, zerdrücke, zücke / zurücke	Kuss	Genuss, Schluss
		Lücke	s. Brücke
		Lüste	s. Brüste
brüllen	Hüllen, Tüllen	lüstern	Nüstern / knistern

Mücke	Glücke, Stücke / beglücke, drücke, rücke, zücke		rühr, spür
		Gebühren	s. führen
Müll	s. Gebrüll	Gefühl	Gewühl / kühl, schwül
müsse	s. Küsse	geführt	gerührt, gekürt, gespürt
müssen	s. küssen	Gemüt	Geblüt, Gestüt
müsste	s. Brüste	Gespür	s. für
Mütterchen	Bütterchen	grün	s. Bemühn
Mütterken	Bütterken	grüßen	s. begrüßen
nütze	s. Grütze	Güte	s. Blüte
rüstig	brüst ich, küsst ich, müsst ich, wüsst ich	kühl	s. Gefühl
		kühn	s. Bemühn
Schütze	s. Grütze	küren	s. führen
Sprüche	Gerüche, Küche	lügen/Lügen	s. betrügen
Stücke	s. Brücke	müßig	büß ich
Sünden	Pfründen / künden, münden	Nasenstüber	s. drüber
Wünsche	Flünsche, Pünsche	Rübe	s. Schübe / übe / trübe
wüsste	s. Brüste	rügen	s. betrügen
Wunsch	Flunsch, Punsch	spüren	s. führen
		süß	Füß / büß
ü (lang)		Süßer	s. Büßer
begrüßen	Süßen / süßen, verbüßen, versüßen	trübe	s. Rübe
		Tür	s. für
Begrüßung	Versüßung	Türen	s. führen
bemühn	blühn, glühn / grün, kühn	Tüte	s. Blüte
betrüblich	üblich, unüblich	über	s. drüber
betrügen	Lügen, Rügen, Vergnügen / lügen, rügen	üblich	s. betrüblich
		verführen	s. führen
blühn	s. bemühn	Vergnügen	s. betrügen
Blüte	Gemüte, Güte, Tüte / glühte	versüßen	s. büßen
büßen	s. begrüßen	vorzüglich	vergnüglich
Büßer	Barfüßer, Süßer		
drüber	Nasenstüber, Stüber / rüber, über	***au***	
		auch	Bauch, Brauch, Gauch, Lauch, Rauch, Schlauch / fauch
fühlen	Mühlen / kühlen, spülen, wühlen		
		auf	Kauf, Lauf / rauf, schnauf, tauf / drauf, herauf, rauf
führen	Gebühren, Rühren, Türen / küren, rühren, spüren		
für/dafür	Gespür, Kür, Tür / führ,		

aus	Braus, Daus, Haus, Laus, Maus, Saus, Strauß / schau's, raus
Bauch	s. auch
Baum	Pflaum, Raum, Saum, Schaum, Traum / kaum
blau	Frau, Sau, Schau / hau, schau, trau / genau, au
Brauch	s. auch
brauchen	fauchen, rauchen, schlauchen, schmauchen, tauchen
Braus	s. aus
Haufen	raufen, saufen
Haus	s. Braus
Lauf	s. auf
rauchen	s. brauchen
raus	s. aus
Saus	s. aus
Strauß	s. aus
Taufe	Traufe / laufe, raufe, saufe
tauft	lauft, rauft, sauft
Traum	s. Baum

ei/ai

Allerlei	s. Ei
allgemein	Bein, Hain, Maulbeerlein, Schein, Sein, Schwein, Wein / sein, schrei'n, spei'n / fein, gemein, rein / allein, ein, kein, mein, dein, sein, ungemein, zu zwein, -lein
im allgemeinen	Beinen, Hainen, Seinen, Schweinen / feinen, kleinen, reinen / meinen, deinen, seinen, keinen
Bayer	Eier, Feier, Meyer (in allen Schreibweisen)

begleiten	Albernheiten, Gegebenheiten, Saiten, Schwierigkeiten / gleiten, reiten, streiten, weiten / gescheiten, weiten
Beilchen	Veilchen, Weilchen
Beine	Kleine, Scheine, Steine / weine / allgemeine, feine, gemeine, reine / alleine, eine, keine, meine, deine, seine, ungemeine
bereit	Kleid, Leid, Maid, Neid, Zeit, Zufriedenheit / bereit, gefeit, gescheit, seid, weit / jederzeit, seit, so weit, zu zweit
beweisen	Kreisen, Meisen, Schneisen / kreisen, reisen, leisen, weisen
bleiben	Scheiben, Weiden / meiden, schreiben, treiben
breit	s. bereit
dein	s. allgemein
deine	s. Beine
dreißig	beiß ich, reiß' ich, weiß ich / fleißig
Ei	Blei, Brei, einerlei, Mai, Liebelei, Spinnerei / sei, spei / frei / bei, juchhei, oh wei
Eichen	Leichen, Reichen, Teichen, Scheichen, Speichen, Weichen, Zeichen / entweichen, reichen, weichen / reichen
ein	s. allgemein
entscheiden	Scheiden, Weiden / beneiden, leiden
entweichen	s. Eichen

erscheint	entbeint, gemeint, vereint, weint	reisen	s. beweisen
Feuerwein	s. allgemein	Saiten	s. begleiten
frei	s. Ei	Schneider	s. Kleider
gemeint	s. erscheint	schreiben	s. bleiben
Heil	Beil, Meil, Pfeil, Seil, Teil, Weil / geil, steil / weil	sein	s. allgemein
		Speichen	s. Eichen
		Spinnerei	s. Ei
heiter	Leiter, Reiter / blitz-gescheiter, gescheiter / weiter	Teich	Laich / reich, weich
		Veilchen	s. Beilchen
		vereint	s. erscheint
Heiterkeit	s. bereit	Weichen	s. Eichen
jederzeit	s. bereit	Weilchen	s. Beilchen
keiner	feiner, gemeiner, reiner / meiner, deiner, seiner	Weile	Eile, Feile, Keile, Meile, Seile / heile
Kleid	s. bereit	Wein	s. sein
Kleider	Neider, Schneider / leider, beider	Weise	s. Kreise
		weisen	s. kreisen
klein	s. allgemein	weit	s. bereit
Kleine	s. Beine	Zeichen	s. Eichen
Kreise	Meise, Reise, Schneise, Weise / reise / leise, weise	Zeit	s. bereit
		zwei	s. Mai
kreisen	Meisen / reisen / leisen, weisen	Zufriedenheit	s. bereit
		zu zweit	s. bereit
Leichen	s. Eichen		
leider	s. Kleider	*eu/äu*	
-lein	s. allgemein	Beute	Bräute, Leute, Meute / heute
leise	s. Kreise	Bräu	Heu, Säu, Spreu / freu, käu, wiederkäu / neu, treu
leisen	s. kreisen		
Liebelei	s. Ei	heute	s. Beute
Mai	Brei / sei / hey, vorbei, drei, zwei	Leute	s. Beute
		neu	s. Bräu
mein	s. allgemein	teuer	Ungeheuer / neuer, teuer, ungeheuer / nicht geheuer
meine	s. deine		
meinen	Leinen, Reinen / greinen, scheinen, weinen / gemeinen / deinen, seinen, keinen	Teufel	Häufl / träufel
		treu	s. Bräu
		Treue	Säue, Schläue / freue, käue, wiederkäue / neue
reichen	s. Eichen		
Reise	s. Kreise		

FESTE GESTALTEN

Jutta Rintelen
**Heitere
Glückwunschverse**
ISBN 3-332-01190-1

Jutta Rintelen
**Die schönsten
Sprüche und Verse
fürs Poesiealbum**
ISBN 3-332-01086-7

Gertrud Teusen
Wir feiern Silberhochzeit
Mit Tipps für weitere
Hochzeits-Jubiläen
ISBN 3-332-01127-8

Kerstin Weidlich-Huth
Wir feiern Hochzeit
Wie das schönste Fest gelingt
ISBN 3-332-01027-1

Urania

FESTE FEIERN

Ingeborg Düffert
**Kinderverse
für Familienfeste**
ISBN 3-332-01087-5

Ingeborg Düffert
Alles Gute!
Der passende Vers
zu jedem Geschenk
ISBN 3-332-01028-X

Ingeborg Düffert
**Kleines Vortragsbuch
für Familienfeste**
Verse – Lieder – Spiele –
Sketche – Rätsel
ISBN 3-332-00532-4

Ingeborg Düffert
**Texte für die
Weihnachtsfeier**
Erprobt und stimmungsvoll
ISBN 3-332-01128-6

Urania